O amor me trouxe de volta

Conheça outros títulos da coleção Autoestima

A arte da meditação, de Daniel Goleman, Ph.D.

A arte da prudência, de Baltasar Gracián

A arte da serenidade, de Hugh Prather

A arte de viver, de Sharon Lebell

A essencial arte de parar, de David Kundtz

Aprendendo a conviver com quem se ama, de Neale Donald Walsch

A sabedoria de Gandhi, seleção e introdução de Richard Attenborough

Conversando com os espíritos e *Em busca da espiritualidade,* de James Van Praagh

Dez leis para ser feliz e *Você é insubstituível,* de Augusto Cury

Faça o seu coração vibrar, de Osho

Histórias para aquecer o coração, de Jack Canfield, Mark V. Hansen e Heather McNamara

Histórias para aquecer o coração dos adolescentes, de Jack Canfield, Mark V. Hansen e Kimberly Kirberger

Muitas vidas, muitos mestres e *Só o amor é real,* de Brian Weiss

Não deixe para depois o que você pode fazer agora, de Rita Emmett

O caminho da tranquilidade, de Sua Santidade, o Dalai-Lama

O outro lado da vida, de Sylvia Browne com Lindsay Harrison

O poder das afirmações positivas, Pensamentos poderosos e *Sabedoria para viver bem,* de Louise Hay

Os números secretos dos relacionamentos, de Aparecida Liberato e Beto Junqueyra

Pequenos milagres, de Yitta Halberstam e Judith Leventhal

Praticando o Poder do Agora, de Eckhart Tolle

Carol Bowman

O amor me trouxe de volta

Histórias emocionantes sobre reencarnação em família

SEXTANTE

tradução
Simone Lemberg Reisner

preparo de originais
Ana Lúcia Prôa
Regina da Veiga Pereira

revisão
Ana Julia Cury
Guilherme Semionato
Hermínia Totti
Maria Beatriz Branquinho
Sérgio Bellinello Soares

projeto gráfico e diagramação
Valéria Teixeira

capa
Miriam Lerner

impressão e acabamento
Yangraf Gráfica e Editora Ltda.

CIP-BRASIL. CATALOGAÇÃO-NA-FONTE
SINDICATO NACIONAL DOS EDITORES DE LIVROS, RJ

B783a Bowman, Carol, 1950-

O amor me trouxe de volta / Carol Bowman [tradução de Simone Lemberg Reisner]. Rio de Janeiro: Sextante, 2010.

Tradução de: Return from heaven
ISBN 978-85-7542-517-6

1. Reencarnação. 2. Famílias - Miscelânea. 3. Reencarnação – Estudos de caso. I. Título.

09-4403
CDD 133.90135
CDU 133.9

GMT Editores Ltda.
Rua Voluntários da Pátria, 45 – Gr. 1.404 – Botafogo
22270-000 – Rio de Janeiro – RJ
Tel.: (21) 2286-9944 – Fax: (21) 2286-9244
E-mail: atendimento@esextante.com.br
www.sextante.com.br

SUMÁRIO

PREFÁCIO

Jamais me esquecerei da primeira vez que carreguei um recém-nascido nos braços. Observei seu corpo e suas mãos, tão minúsculos, em completa admiração. Ao colocá-lo perto de meu coração, fiquei maravilhado diante da pureza e do prodígio desse milagre chamado nascimento. E, como a maioria das pessoas, ao olhar para ele não pude deixar de pensar a respeito de sua vida futura neste planeta. Nos meus braços estavam esperanças, promessas e sonhos para uma nova geração. Ali não estava apenas um corpo recém-formado, mas um espírito eterno, pronto para começar a dança da vida mais uma vez.

Cada espírito compõe o seu próprio mapa infinito de experiências. Os acontecimentos de existências anteriores ficam impressos em sua memória e todas as fraquezas e forças são utilizadas para o crescimento e a aprendizagem. A consciência se forma e evolui desse conhecimento para desenvolver o nosso eu e incorporá-lo aos singelos porém complexos significados da vida.

Cada um de nós tem um destino para o próprio espírito, mas não percorremos sozinhos essa jornada de conhecimento. Ao contrário, ela é compartilhada. Optamos por voltar, aprender e evoluir com aqueles a quem amamos outrora. Embora personagens, papéis e situações sejam diferentes, esses laços de amor e familiaridade são inerentes a todos nós. Por isso, somos nossas famílias e nossos amigos. E assim, compartilhando, aprendendo, amando, entrando em contato com diversas personalidades, numa variedade de situações, nos tornamos apenas um em nossa busca pela verdade e pelo entendimento.

As crianças são alguns dos mais importantes mestres. Seus pontos de vista são honestos e imparciais. Suas mentes ainda não estão aprisionadas ou condicionadas pelos medos e inseguranças que controlam os adultos. Não há crítica ou quaisquer outras intenções ocultas em suas palavras. As crianças sabem quem são e o que querem e nos passam essas informações sem que seja preciso perguntar.

Elas também estão muito mais sintonizadas com a intuição. Ainda não formaram uma consciência religiosa ou um sistema de crenças e, por isso, se baseiam em seus *sentimentos* ou *sentidos* para obter respostas. Parte dessa consciência se deve ao fato de que elas chegaram há pouco tempo do mundo espiritual e à sua maneira de pensar, ainda rica de influências de tal mundo.

Em nosso limitado mundo físico tridimensional não foram criadas máquinas capazes de medir as experiências do espírito ao longo do tempo. Quando falamos de uma alma, uma consciência ou outra dimensão, que métodos científicos podem ser utilizados? Nenhum. Seria o mesmo que procurar agulha em palheiro.

Em outro nível, porém, a *consciência* é real e tangível, como podemos perceber por meio da meditação e das experiências de quase morte e saída do próprio corpo. Compatíveis com essas situações estão aquelas em que as crianças têm memórias e fornecem detalhes consistentes que ultrapassam o seu limite de conhecimento. O fato de fobias irracionais e problemas de saúde terem sido atenuados por terapia de regressão demonstra clara e irrefutavelmente a existência da consciência do espírito.

O espírito é ilimitado. Não somos nossos cérebros, nossos corpos, nossas roupas ou nossas casas. Não somos nossas contas-correntes, nossos empregos, nossos países, nem mesmo nossos nomes. Somos muito, muito mais. Somos seres espirituais cuja língua nativa é o amor.

Finalmente chegou o tempo de nos abrirmos para essa nova consciência do espírito. É por isso que este livro é tão importante, não apenas como uma coleção de histórias curiosas, mas como uma coleção de lições para guiar nossas vidas. Quando pensamos em nós mesmos como seres eternos, nossas vidas adquirem um papel mais significativo e percebemos os detalhes do delicado tecido de nossa existência. Compreendemos os significados que se escondem atrás de nossas interações com nossas famílias, amigos e colegas de trabalho. Vemos como nossos pensamentos e ações anteriores nos ajudaram a moldar nossa vida atual e passamos a utilizar uma *consciência cautelosa* em cada uma de nossas escolhas, sabendo que elas terão repercussões a longo prazo. Vivemos uma vida em que essas escolhas têm enorme valor.

A Terra é a escola do espírito. É um lugar para o qual retornamos muitas e muitas vezes para avançar na estrada da autoconsciência. Nutrimos a esperança de que, com todas as nossas experiências e a variedade de cenários nos quais vivemos, alcançaremos um maior entendimento sobre nós mesmos. Somente quando formos capazes de nos enxergar honestamente e de ser responsáveis por nós mesmos, conseguiremos perceber que somos todos um ser único e contemplaremos o verdadeiro sentido de Deus.

JAMES VAN PRAAGH

Introdução

Quando morre um ente querido – um avô, uma tia, um irmão ou um filho –, essa perda nos parece tão imensa, tão triste, tão definitiva, que ansiamos por vê-los uma vez mais, ouvir sua voz, sentir sua presença. Se ao menos pudéssemos estar juntos de novo!

Console-se um pouco na crença de que, após a morte, vamos nos reunir com nossos entes queridos no mundo espiritual. Mas e se você soubesse que é possível estar com eles novamente, nesta mesma existência, sem ter que morrer? E se eu lhe dissesse que há fortes indícios de que os espíritos de nossos entes queridos podem voltar e se juntar a nós – não em um sonho ou uma visão, nem por meio de um médium, mas na vida real, pela reencarnação, como um bebê nascido na família?

É possível. As histórias reais que vou dividir com você neste livro são extraordinários testemunhos da realidade da reencarnação dentro de uma mesma família: avós retornando como seus próprios bisnetos, tios voltando como seus sobrinhos, mães trocando de papel com suas filhas. E talvez a mais impressionante de todas as revelações seja o fato de que crianças mortas tragicamente cedo podem retornar, dentro de poucos anos, para a mesma mãe.

Todas as histórias deste livro se concentram em crianças bem pequenas, algumas com apenas 2 anos, que começam a falar espontaneamente sobre suas vidas passadas, sem nenhum estímulo ou hipnose. Em muitos casos, a criança vive numa família que não acreditava em reencarnação antes do ocorrido. Quando isso acontece, as evidências que testemunham, vindas de seus próprios filhos, convencem todos de que um parente morto renasceu em sua família.

Você vai acompanhar o processo de descoberta dessas famílias no instante em que começam a suspeitar que seu filho é um parente renascido. Em geral, quando a criança começa a formar frases completas, passa também a fazer afirmações de chocante precisão sobre a vida de um parente morto – fatos que ela não teria como saber em tão tenra idade. Muitas vezes, a família reconhece na criança comportamentos que espelham as singularidades e a personalidade do morto. Em alguns casos, descobre que o corpo da criança traz marcas de nascença que combinam perfeitamente com feridas ou cicatrizes que o parente tinha à época de sua morte – marcas que não podem ser atribuídas à hereditariedade.

Eu vinha pesquisando sobre vidas passadas de crianças há mais de uma década quando percebi, pela primeira vez, a existência desses casos especiais de *retorno em família.* Eles me mostraram algo que não havia notado antes: como a reencarnação familiar pode acontecer e como as emoções e as questões de relacionamento perduram de uma vida para a próxima. A descoberta do retorno em família aprofundou minha compreensão sobre a reencarnação e mudou o foco de minha pesquisa.

Em 1988, quando iniciei minhas investigações a respeito de vidas passadas em crianças, fui despertada para o assunto não como pesquisadora, nem mesmo como escritora, mas como uma mãe que procurava respostas para o que estava acontecendo aos seus próprios filhos. Tudo começou quando minha filha se lembrou de ter morrido muito tempo atrás numa casa incendiada e meu filho deu uma descrição realística de sua morte em meio ao horror e ao caos de uma batalha, durante a Guerra Civil americana. Fiquei atônita com o que ouvi, porque naquela época eu não tinha a menor ideia de que crianças podiam se lembrar de vidas passadas. Mas o que meus filhos estavam dizendo era tão real e tão detalhado, suas emoções tão adequadas à situação, que tive certeza de que não se tratava de algo a que tivessem assistido na televisão ou ouvido de alguém. Como mãe, eu sabia. O argumento decisivo veio alguns dias depois: como resultado dessa lembrança de vidas passadas, meus dois filhos se curaram repentinamente de problemas crônicos.

Isso tudo foi tão inesperado e impressionante que abriu meus olhos para um mundo novo de possibilidades e encheu minha mente de perguntas. Eu tinha que saber mais sobre o que se passara com meus filhos. E fiquei imaginando: se isso aconteceu a eles tão naturalmente, quantas crianças mais estariam se lembrando de suas vidas passadas? Vasculhei livrarias e bibliotecas à procura de um livro que pudesse responder às minhas questões e me dizer o que fazer. Nessa busca, descobri o trabalho de Ian Stevenson, da Universidade da Virgínia, que passara 40 anos documentando e verificando milhares de casos de memórias infantis de vidas passadas. Sua impressionante pesquisa confirmou que o que acontecera aos meus filhos também ocorre com crianças por todo o mundo. O pesquisador, porém, não fez menção às medidas práticas: o que um pai deve fazer quando seu filho se lembra de uma vida passada? Muitas de minhas perguntas permaneceram sem resposta.

Parti, então, para minha própria pesquisa. Entrei na faculdade, me formei como terapeuta e iniciei a coleta de meus próprios casos. Assim, escrevi um livro para explicar o fenômeno de maneira simplificada e fornecer conselhos úteis aos pais. Escrevi a obra que procurava desde 1988 e que não conseguira encontrar.

Depois que *Crianças e suas vidas passadas* foi publicado, em 1997, passei a receber centenas de e-mails de todo o mundo. Leitores contavam suas histórias e agradeciam pela ajuda na compreensão do que observavam em seus filhos. Estavam aliviados por saber que as experiências de vidas passadas demonstradas por eles não eram nem um pouco incomuns e que tais lembranças poderiam ser benéficas. À medida que mais pessoas foram tomando conhecimento da pesquisa a partir de minhas participações em programas de rádio e de televisão, de palestras e também pelo meu site, inúmeros outros casos começaram a chegar.

Foi então que percebi um intrigante padrão nos novos casos. Muitos deles eram sobre parentes mortos que renasciam na mesma família. Relatei dois casos desse tipo em *Crianças e suas vidas passadas* e até cunhei a expressão *retorno familiar*, mas imaginei que eram exceções à regra e não lhes dei muita atenção. Agora, o número crescente de casos de retorno familiar me fez perceber que eles mereciam uma análise cuidadosa.

O que mais me chamou a atenção a respeito dessas histórias foi o quanto afetavam emocionalmente os pais e familiares envolvidos. Elas diferem dos casos apresentados em meu primeiro livro, nos quais a criança se lembra de ter sido um desconhecido de um passado distante. As famílias desses novos casos se encontram diante da reencarnação de um parente, uma pessoa próxima e bem conhecida. Tudo é muito real, e as questões emocionais geradas por essa situação têm a complexidade de qualquer relacionamento próximo que é reiniciado depois de longa ausência.

Comecei a incluir esses novos casos em minhas palestras. Cada vez que os contava, percebia claramente a plateia se agitando à medida que as pessoas refletiam sobre suas próprias famílias. De repente, concluíam que a criança que eles comentavam ser "exatamente como o vovô" era o próprio. Muitos se sentiam consolados apenas por saber que um marido, mãe, filho ou avô, pessoas a quem tanto amaram, poderiam retornar para eles como um novo membro da família.

Descobri que essas histórias trazem diferentes e poderosas lições para todos, não apenas para os pais. E a principal delas é a de que a morte não é o fim da vida e que os relacionamentos continuam graças ao milagre da reencarnação. Agora, compartilho com você essas histórias, na esperança de que elas lhe tragam a mesma inspiração e consolo que proporcionaram a tantos outros. Acredito que, como eu, você vai considerá-las ricas em lições espirituais e surpresas reconfortantes.

CAPÍTULO 1

RETORNO FAMILIAR

Dylan tinha apenas 2 anos quando sua mãe, Anne, observou pela primeira vez o seu estranho comportamento. Numa noite, ele estava no chão do corredor divertindo-se com alguns brinquedos. Anne se encontrava na cozinha preparando o jantar quando o ouviu dizer claramente: "Eu também fumo." Essa afirmação a deixou surpresa, e ela foi dar uma olhada no filho, que estava levando dois dedos aos lábios, afastando-os depois, como se estivesse fumando. Antes que Anne pudesse dizer qualquer coisa, o menino a viu, bateu as mãos nos bolsos da frente das calças e disse: "Eu carrego meus cigarros aqui." Isso deixou Anne confusa: como ninguém na família era fumante, a quem Dylan poderia estar imitando?

Pouco tempo depois, outro fato estranho. Dylan se divertia com seus *pogs*, pequenos discos de papelão que as crianças colecionam. E exclamou: "Sete! Eu consegui jogar um sete!" Anne ficou intrigada. De onde ele estava tirando aquilo? Tinha certeza de que o filho jamais presenciara uma pessoa apostando nos dados. Mas não deu importância a este e a outros incidentes, classificando-os como mais algumas das curiosas surpresas que as crianças costumam aprontar.

Alguns meses mais tarde, porém, Dylan desenvolveu um comportamento hostil, difícil de ser ignorado. No dia de seu terceiro aniversário, alguém o presenteou com um revólver de brinquedo e ele passou a levá-lo aonde quer que fosse. Se acaso o perdesse ou se alguém o guardasse, Dylan tinha crises histéricas. Dormia com a arma, tomava banho com ela, enfiava-a no cós das calças e até da sunga, quando ia nadar. Ele não estava apegado a uma arma de brinquedo em particular – qualquer uma servia. Sempre que saía de casa, precisava se certificar de que a estava levando. Se a esquecesse, gritava até que lhe dessem outra.

Quando completou 5 anos e estava prestes a ingressar na escola, a obsessão do menino se tornou motivo de real preocupação. A única maneira que Anne encontrou para convencê-lo a deixar o revólver em casa foi dizer que era contra a lei levar armas para a escola. Apesar de relutante, ele obedeceu.

POP-POP

A primeira pessoa a me contar a história de Dylan foi sua tia Jenny, cunhada de Anne. Jenny havia acabado de ler meu livro, *Crianças e suas vidas passadas*, e estava ansiosa para me falar sobre seu sobrinho de 5 anos. Ela estava começando a acreditar que o menino era a reencarnação do avô dela. Explicou-me que há tempos estava aberta para a possibilidade da reencarnação, mas não sabia que era possível um espírito reencarnar na mesma família a que pertencera. Jenny continuou seu relato:

> Nossa família atribuía o comportamento de Dylan àquelas bobagens comuns a todas as crianças. Achávamos graça. Ninguém parou para pensar que poderia haver uma causa. Mas, quando terminei de ler o seu livro, tudo começou a fazer sentido.
>
> Meu avô, a quem chamávamos de Pop-Pop, era policial na Filadélfia e andava sempre armado. Ele tinha uma arma em casa e dormia sempre com ela ao lado da cama. Sempre. Em seus três últimos anos de vida, ficou muito doente. Fumante inveterado, estava morrendo lentamente de enfisema e problemas cardíacos. Mesmo durante sua doença, quando mal podia respirar, continuou fumando.
>
> Ao contrário da maioria das pessoas – que leva os cigarros no bolso da camisa para evitar que amassem –, Pop-Pop carregava o maço de cigarros no bolso das calças, exatamente como Dylan fingia fazer. E vovô adorava jogos de aposta, principalmente dados.
>
> Depois que comecei a juntar os fatos, perguntei à minha mãe (filha de Pop-Pop) sobre os últimos dias de meu avô. Ela me revelou um fato novo. Um dia, enquanto Pop-Pop tirava um cochilo, vovó encontrou a arma dele na sala, escondida sob a almofada do sofá. Vovô a havia tirado de seu lugar habitual, na mesa de cabeceira. Isso a deixou temerosa de que ele pudesse usar a arma para dar fim ao próprio sofrimento. Vovó chamou o filho, que pegou a arma e a jogou no rio. Quando Pop-Pop descobriu, ficou furioso. Acho que jamais se recuperou disso.
>
> Quando minha mãe contou essa história, fiquei toda arrepiada. De

repente percebi: "Meu Deus, isso faz o maior sentido! É por isso que Dylan tem essa obsessão!" Agora estou convencida de que Dylan é o meu avô – o bisavô do menino. Acredito que quer ter certeza de que sua arma permanece com ele o tempo todo. Ainda está reagindo àquele incidente de sua vida anterior, quando ela lhe foi tomada.

Quando Jenny contou sua história, concordei que era possível que Pop-Pop tivesse voltado como seu próprio bisneto. As estranhas atitudes de Dylan, que não faziam sentido algum no contexto de sua vida atual, faziam perfeito sentido no contexto da vida de Pop-Pop.

Em muitos casos de reencarnação, crianças pequenas assumem comportamentos e imitam atividades que espelham suas vidas e seus hábitos passados. A obsessão de Dylan por armas, cigarros e dados se ajusta aos padrões. Em alguns casos, esses comportamentos incomuns surgem como a primeira pista de que a criança está se lembrando de uma vida passada. Eles são mais aparentes na primeira infância, até cerca de 5 anos de idade, período em que as memórias de vidas passadas estão mais fortes. Geralmente, desaparecem entre 5 e 7 anos, quando a criança se deixa absorver pelo mundo exterior e as impressões de outras vidas normalmente começam a se desvanecer.

Perguntei a Jenny por que ela achava que Pop-Pop poderia voltar como o filho de sua cunhada e de seu irmão. O relacionamento entre eles fora particularmente próximo? Havia algum assunto mal resolvido entre eles? A despeito do que muitos pensam, a reencarnação não é um processo casual. Um espírito pode ser trazido de volta para a mesma família, entre outros motivos, por causa de fortes laços de afeição ou para cuidar de assuntos pendentes.

Jenny também vinha pensando nisso e me falou de uma possibilidade:

Alguns anos antes da morte de Pop-Pop, ele e a esposa se mudaram para uma casa que pertencia ao seu neto Mike, o pai de Dylan. Pop-Pop estava ficando velho e sua saúde andava abalada, por isso ele se sentiu aliviado por morar mais perto da família. Ficaram ali durante dois anos. Então, Mike decidiu que precisava vender a casa, porque a vizinhança estava se tornando decadente. Ela logo foi vendida e Pop-Pop ficou bastante magoado, achando que o neto o estava expulsando de casa. Mike convidou os avós para morar com ele e sua esposa, mas Pop-Pop se recusou, e Mike conseguiu que fossem morar numa outra casa, numa vizinhança melhor.

Acho que vovô nunca se recuperou dos transtornos causados pela mudança. O mais irônico é que, se ele realmente voltou como Dylan, acabou *se mudando* para a casa de Mike e Anne – as mesmas pessoas com quem estava zangado por tirarem-no de sua casa. E agora, como filho único, está recebendo os melhores cuidados!

OS ASSUNTOS PENDENTES DE POP-POP

Eu estava ansiosa para conversar diretamente com Anne e Mike, os pais do menino, para descobrir se teriam algum detalhe a acrescentar. Mas não tinha certeza de que aceitariam falar comigo. Havia outros casos de retorno familiar nos quais, embora um membro da família estivesse convencido de que um parente havia reencarnado entre eles, outros ignoravam os sinais diante de seus olhos e se recusavam a discutir o assunto, porque acreditavam que a reencarnação não passava de uma grande bobagem.

Felizmente, Anne estava disposta a conversar. Quando liguei para sua casa, ela foi cordial, mas me garantiu: "Não há muito o que dizer." Entretanto, admitiu que Mike e ela ficavam perplexos com o estranho comportamento de Dylan. Durante nossa longa conversa, Anne admitiu que estava intrigada com a coincidência entre a fixação do filho por armas e a revolta de Pop-Pop quando lhe tiraram o revólver. Mas, não, ela não via nenhuma ligação entre os dois casos.

Quando perguntei sobre a reação de Pop-Pop à venda da casa, ela se enterneceu e disse ter esperança de que ele os tivesse perdoado. Seria muito triste saber que ele morrera guardando rancor. Ainda assim, ela não via ligação entre Dylan e Pop-Pop.

Hesitante, Anne disse que uma lembrança viera à sua mente enquanto conversávamos: Dylan sempre demonstrava enorme dificuldade em se despedir dela e do pai. Ele os abraçava e os beijava inúmeras vezes e não parava de agarrá-los, como se nunca mais fosse vê-los. Eu disse a Anne que é bastante comum uma forte ansiedade envolvendo despedidas ser resultado de uma separação súbita ou morte traumática numa vida anterior, sem que houvesse tempo para dizer adeus.

Perguntei a Anne onde ela estava quando Pop-Pop morreu ou onde haviam se despedido pela última vez. Ela silenciou por alguns instantes e depois exclamou: "Meu Deus! Nós não fomos ao enterro de Pop-Pop!" E prosseguiu nervosa, dizendo que jamais juntara esses dois fatos antes: "Não estávamos com ele quando morreu! Na véspera do enterro, Mike havia passado mal a noite inteira e, como o enterro foi longe daqui, não pudemos ir. Você acha que ele ficou zangado porque não nos despedimos?" Respondi que era bem possível que sim.

Anne analisou novamente todos os fatos – a arma de brinquedo, o cigarro, a ausência no enterro –, enxergando-os pela primeira vez como peças de um quebra-cabeça que se combinam para formar uma figura completa. Tudo começou a fazer sentido para ela, não apenas lógica, mas emocionalmente. Ajudei-a a compreender todo o quadro, explicando-lhe o conceito de *assuntos pendentes*.

Se quando morremos deixamos para trás qualquer questão pendente – uma criança que morre num acidente ou por doença, um adulto que morre cheio de raiva sobre alguma disputa mal resolvida ou alguém que parte preocupado com seus entes queridos que ficaram –, essa questão nos acompanha quando voltamos à Terra num outro corpo, aliada a um ímpeto de finalizá-la ou resolvê-la. Se retornamos à mesma família num período de tempo relativamente curto, retomamos o problema no ponto em que o deixamos antes de morrer.

No caso de Pop-Pop, o amor e a não conclusão podem tê-lo levado de volta à família. Pelo fato de se sentir incomodado com a mudança forçada no fim da vida e porque sua arma lhe fora tomada, seu espírito pode ter ficado num estado de desassossego. Talvez uma parte de Dylan precisasse de um pedido de desculpas ou de uma explicação para concluir aquela outra existência. Talvez ele precisasse apenas de um reconhecimento para eliminar qualquer dúvida quanto ao fato de ter sido amado.

Descrevi para Anne uma técnica simples que auxilia crianças ainda bem pequenas a resolver assuntos do passado. Expliquei a ela que seria possível ajudar Dylan com sua obsessão por armas e ansiedade nas despedidas primeiramente admitindo que ele poderia ser Pop-Pop renascido. Ela faria isso conversando com o filho como se falasse diretamente com o avô, desculpando-se pelos desentendimentos do passado, explicando que nunca tiveram a intenção de desalojá-lo com a venda da casa. E poderia contar que haviam escondido sua arma porque o amavam e queriam protegê-lo. Nada disso faria mal a Dylan. Se ela estivesse errada, o menino simplesmente continuaria a brincar, ignorando-a. Se estivesse certa, estaria ajudando o filho.

Duas semanas depois, recebi uma carta de Anne.

> Após nossa conversa ao telefone, fui até a sala falar com Mike. Dylan estava brincando no chão, parecendo não prestar a mínima atenção ao que eu estava dizendo. Expliquei tudo ao meu marido – nossa conversa sobre a arma e sobre não nos despedirmos de Pop-Pop. Também disse que me sentiria muito triste se Pop-Pop e Nanny (sua esposa) tivessem ficado aborrecidos com a venda da casa.
>
> No dia seguinte, ao sair de casa, percebi que Dylan não estava levando a arma de brinquedo. Perguntei a ele onde estava seu revólver, porque não queria ser obrigada a voltar no meio do caminho para buscá-lo. Dylan olhou para mim e disse: "Não preciso mais dele, mamãe." E, desde então, não o levou mais. Esta mudança deve ter tido algo a ver com o que eu falei a Mike. Antes disso, nada do que disséssemos a Dylan conseguiria convencê-lo de que não precisava de um revólver. Acho que, ao ouvir nossa conversa, embora não tomasse parte dela, Dylan *entendeu*. Foi instantâneo!
>
> Acredito que a alma de Pop-Pop precisava ter certeza de que tomaríamos conta dele, precisava entender por que não fomos nos despedir e por que sua arma lhe havia sido tomada.

O que aconteceu a Dylan não é um caso isolado. Documentei outras histórias de crianças que encontraram enorme alívio emocional e até curas para problemas físicos quando os pais reconheceram suas memórias de vidas anteriores e falaram sobre assuntos pendentes ou outros problemas específicos do passado que pareciam perturbá-las. Quando a conclusão de uma pendência finalmente acontece, um fardo é retirado dos ombros da criança. Com isso, ela pode esquecer o passado e lançar com força suas raízes no presente. A mudança pode ser bastante súbita e óbvia: comportamentos estranhos e afirmações relacionadas ao passado desaparecem.

Algumas vezes, não é tão simples assim. Os motivos que fazem um espírito retornar podem ser tão complexos e ocultos que não conseguimos compreendê-los totalmente, nem mesmo quando sua identidade anterior é conhecida. O espírito pode guardar lições mais profundas que só podem ser aprendidas atravessando o curso completo de uma vida e trabalhando diferentes camadas de experiência. Mas a rapidez com que alguns desses problemas podem ser resolvidos sugere que as memórias infantis de vidas oferecem oportunidades naturais de cura do espírito no início de uma nova existência, libertando a criança para que se desenvolva de maneira mais criativa e alegre.

MORRENDO SOB UM COLCHÃO

O comportamento foi a pista básica na história de Dylan. Afirmativas aparecem como uma outra maneira pela qual a criança revela a identidade de uma vida passada. Quando uma criança fala com misteriosa precisão sobre detalhes e fatos da vida de um parente morto – os quais ela não poderia saber de forma alguma –, esse pode ser um sinal de reencarnação.

A próxima história é um exemplo disso. Um menino que assustou a própria mãe, Tracy, quando descreveu os detalhes de uma tragédia familiar sobre a qual ninguém ousava comentar. Ela me descreveu os fatos durante uma entrevista por telefone:

> Como eu tinha apenas 2 anos em 1970, quando a casa da minha família foi destruída num incêndio, não me lembro de nada. Até pouco tempo, tudo o que eu sabia era que a tragédia acontecera numa noite muito fria e que meus pais, cinco dos meus seis irmãos e eu conseguimos sair da casa em chamas. Mas meu pai correu de volta para resgatar Gary, meu irmão de 3 anos, e ficou preso lá dentro. Ele e Gary morreram em meio ao fogo. Ninguém na família tocava no assunto porque mamãe ficou totalmente desolada. A simples menção ao episódio era um tabu.
>
> Não tenho lembranças daquela noite horrível, mas meu filho, Peter,

que nasceu em 1990, sabia tudo sobre ela. Começou aos 3 anos de idade, quando acordava no meio da noite gritando: "Mamãe, mamãe!" Toda vez que eu corria até seu quarto, ficava assustada com seu comportamento. Ele parecia acordado, porque ficava sentado, olhando para a frente com os olhos arregalados. Mas, quando eu lhe perguntava o que estava acontecendo, ele me empurrava e gritava: "Vá embora! Quero a minha mamãe!" Esses episódios se repetiram por vários meses, me deixando exausta física e emocionalmente.

Pouco tempo depois, durante o dia, Peter começava a me contar histórias sobre seu *amigo* Gary e como ele morrera. Falava sobre Gary o tempo todo, principalmente sobre a noite em que a família dele foi acordada pelos latidos do cachorro e encontrou a casa em chamas. Ele descreveu a casa chamando-a sempre de "casa amarela". Disse que, próximo a ela, havia um grande pinheiro, que também foi queimado, e uma entrada para veículos diferente da nossa, porque formava um círculo em frente à casa. Contou, ainda, que os avós de Gary, que moravam do outro lado da rua, correram e ficaram do lado de fora com o resto da família, no frio, assistindo, desconsolados, à casa ser destruída pelo fogo. Ele descreveu os três caminhões dos bombeiros que vieram com as luzes piscando e um bombeiro alto de barba escura.

Peter falava sobre o incêndio com frequência, acrescentando mais um pequeno detalhe a cada vez. Parecia estar enxergando toda a cena e sabia exatamente o que estava acontecendo dentro e fora da casa ao mesmo tempo. Peter descrevia detalhes que eu desconhecia. Cada vez que ele acrescentava alguma informação, eu telefonava para minha mãe, Edith, para verificar sua veracidade. E ela me confirmava que tudo estava correto: a entrada circular, o pinheiro em chamas, os avós, os latidos do cachorro e o bombeiro de barba escura.

O que mais me impressionou foi o fato de Peter descrever como Gary e o pai morreram. Ele disse que, quando o pai correu de volta para a casa para salvar Gary, o caminho ficou bloqueado pelas chamas e eles não puderam sair. Então, se esconderam sob um colchão para fugir da fumaça. Eu não quis perguntar à minha mãe sobre esse terrível detalhe, por isso falei com meu irmão mais velho. Ele confirmou tudo: os bombeiros encontraram os dois corpos debaixo de um colchão.

Comecei a suspeitar que Peter poderia ser a reencarnação de Gary.

Mas tentei achar outra explicação, porque ninguém que conheço acredita nesse fenômeno. Pensei ser possível que Peter tivesse imaginado e acertado todos os detalhes. Mas não podia conceber que um menino de 3 anos imaginasse alguém se escondendo e morrendo sob um colchão. Foi aí que passei a considerar seriamente a hipótese de ele ser mesmo a reencarnação de Gary.

Peter repetiu a história do incêndio, sempre com os mesmos detalhes, por cerca de um ano, até completar 4 anos. As lembranças sempre apareciam espontaneamente e ao acaso, sem que nada as provocasse. Quando descrevia o incêndio, a mudança de comportamento era total. Normalmente, era despreocupado e alegre. Mas, ao falar sobre o incêndio, ficava sério e centrado nas imagens que apareciam em sua mente.

As descrições precisas de Peter, sua mudança de comportamento e o fato de que suas memórias se fixavam em sua morte traumática são condizentes com os padrões que encontrei nas memórias infantis de vidas passadas. Quando uma criança pequena fala de uma vida anterior, seu tom se torna sério, firme, sem a cadência e o ritmo característicos das situações em que expressa suas fantasias. Seu semblante adquire serenidade, quase como o de um adulto. Ao contrário do que acontece às fantasias, os detalhes dessas histórias ganham consistência com o passar do tempo. À medida que o vocabulário da criança aumenta, a história pode ficar mais rica em detalhes, mas sua essência permanece a mesma.

Quando as crianças se lembram de vidas passadas, costumam descrever acontecimentos envolvendo sua morte mais recente, principalmente quando traumática. Para espanto dos pais, num tom casual, um filho afirma que se lembra de ter recebido um tiro, de ter morrido num acidente de automóvel ou numa guerra, muitas vezes fornecendo detalhes realistas. No caso de Peter, ele sabia que Gary e o pai ficaram encolhidos sob um colchão para se proteger da fumaça – algo que um menino de 3 anos jamais conseguiria imaginar. Esse tipo de detalhe preciso costuma ser o primeiro alerta para que os adultos percebam a manifestação das memórias infantis de vidas passadas.

A mãe de Peter, Tracy, encontrou uma oportunidade de testar a memória do filho. Edith tinha uma fotografia de toda a família, tirada pouco antes da morte de Gary. Era um dos poucos objetos que sobreviveram ao incêndio. Tracy mostrou a fotografia a Peter e ele logo apontou para Gary, dizendo: "Este aqui é o meu amigo Gary." Tracy pôde perceber que Peter e Gary eram muito parecidos, quase como gêmeos idênticos.

Um outro comportamento do filho que Tracy acredita ter origem na tragédia é o seu medo histérico de fogo. Se alguém acende um cigarro na sua frente, ele entra em pânico e foge. Se vê um isqueiro, reage da mesma forma. Também não gosta de fogões à lenha, e a visão do aquecedor a querosene usado por Edith o deixa transtornado.

Ninguém sabe como começou o incêndio que matou Gary. Mas, pelo que conhecemos sobre o funcionamento das memórias de vidas passadas em geral, a fobia de Peter a qualquer elemento capaz de dar início a um incêndio é compreensível. Existem centenas de casos documentados a respeito de crianças bem pequenas com fobias que se originaram na maneira como morreram numa existência anterior, principalmente se a morte foi súbita ou traumática. Por exemplo, bebês que choravam com histeria sempre que um avião passava e, ao aprenderem a falar, lembravam que "quando eram grandes" as bombas vindas dos aviões os mataram.

Logo depois que Peter começou a falar sobre o incêndio, Tracy encorajou sua mãe a questioná-lo diretamente. Edith fez perguntas e Peter deu as respostas certas. Desde então, ele parou de contar sobre o incêndio à mãe e passou a tocar no assunto somente com a avó. Para enorme alívio de Edith, essas conversas a convenceram de que Peter era Gary renascido. Pela primeira vez em mais de 20 anos, ela era capaz de falar com a família sobre o incêndio e conseguia mencionar o nome do filho morto.

Quando começou a se abrir e a falar sobre a tragédia, Edith revelou a Tracy um doloroso segredo que havia guardado por todos aqueles anos após a morte de Gary. E Tracy me contou:

> Minha mãe nunca batia nos filhos – nunca –, não importava o que fizéssemos. Descobri há pouco tempo o porquê. Na noite em que Gary morreu, antes que ele fosse para a cama, ela lhe dera uma surra por

algo que ele havia feito. Logo depois, ele morreu. Além de não ter tido chance de dizer adeus, o último ato de minha mãe para com Gary foi um castigo. Ela se sentia muito culpada! Por isso não conseguira tocar no assunto durante todos aqueles anos. Mas Peter nunca disse nada sobre a surra. Sinto-me bem em saber que minha mãe teve uma segunda chance e que não precisa mais carregar essa culpa. Agora que Gary voltou, ela pode relaxar. Está livre.

Acredito que Gary retornou para estar de novo com mamãe e ajudá-la a se curar da terrível tragédia acontecida há tantos anos. Os dois têm uma proximidade muito grande e se sentem muito bem quando estão juntos. Algumas vezes, mamãe se engana e chama o neto de "filho". E ele responde chamando-a de "mamãe". Agora, sempre que Peter está com problemas, não vem falar comigo. Primeiro, conversa com minha mãe. Eu poderia me sentir relegada a segundo plano se não soubesse que ele é Gary renascido e que precisa ter essa relação especial com minha mãe.

Tracy compreendeu por que Gary voltou para estar com Edith. Mas por que ele retornou como seu filho e não como filho de um de seus cinco irmãos? Ela acha que Gary a escolheu porque, sendo a única filha, Tracy era a mais próxima da mãe emocionalmente, e, como moravam perto, Peter poderia passar mais tempo com Edith. Revendo os fatos, Tracy também acha interessante que Edith tenha insistido em estar presente quando Peter nasceu – entre vários netos, foi o único parto ao qual quis assistir. Talvez tenha sentido que aquele seria um neto especial. É o seu favorito.

As memórias de vidas passadas de Peter trouxeram profundas transformações para Tracy. Render-se ao fato de que o irmão morto e o filho são, de alguma forma, a mesma pessoa expandiu sua vida interior e lhe ofereceu consolo, esperança e um desejo de aprender mais sobre o mundo dos espíritos.

CAPÍTULO 2

UMA CRIANÇA RENASCIDA

Kathy Luke tinha 16 anos quando seu filho, James, nasceu, em março de 1978. Ela não era casada e havia se afastado do pai do menino, um jovem agressivo que nem chegou a conhecer o filho. Como estava brigada com os pais, ela se mudou para um apartamento e se dedicou integralmente a James. Ele era uma criança de temperamento fácil, com cabelos louros e anelados, lindos como os do pai.

Pouco tempo depois que o menino começou a andar, com cerca de 1 ano e 4 meses, Kathy percebeu que ele estava mancando. Um dia, caiu no chão da sala e não conseguiu mais se levantar. Quando tentava se apoiar na perna esquerda, gritava de dor. Imediatamente, Kathy o levou ao médico, e um exame radiológico revelou uma fratura na perna esquerda. O médico também notou um nódulo acima da orelha direita e pediu outros exames. Kathy ficou perplexa quando os resultados chegaram. Os exames e as biópsias do nódulo e da medula revelaram que James tinha um neuroblastoma com metástase – uma forma de câncer potencialmente fatal em crianças pequenas.

Kathy ficou desolada. Uma longa série de radiações e quimioterapia começou a ser aplicada para tentar diminuir os tumores que estavam se espalhando por todo o corpo de James. Como efeito colateral, seus lindos cachos foram caindo. Kathy cuidou do filho com enorme dedicação, agarrando-se à esperança de cura.

Mas o pequeno e frágil corpo de James, agredido pela doença e pelo tratamento, enfraqueceu ainda mais. Ele não conseguia sequer comer. Na tentativa de alimentá-lo, os médicos colocaram um tubo intravenoso em sua jugular direita. A incisão deixou uma cicatriz linear no pescoço da criança. Após essa série de tratamentos, Kathy o levou para casa. Sua vida agora girava em torno da doença de James e dos cuidados exigidos.

Poucos meses depois, James voltou para o hospital em razão de um sangramento excessivo dos tumores da boca. Ele ainda tinha um grande tumor atrás do olho esquerdo, que o deixou cego, deformando visivelmente aquele lado do rosto. Com muita tristeza, os médicos admitiram que não podiam fazer mais nada pelo menino. Kathy o levou para casa, sabendo que o filho estava morrendo. Pela primeira vez em muitos anos, a mãe de Kathy e o resto da família vieram em seu auxílio e se organizaram para ajudá-la a tomar conta de James.

Algumas vezes, quando via James chorar, Kathy corria para um outro cômodo da casa e caía em lágrimas. Quando James a flagrava, ficava aborrecido com a mãe e dizia: "Não chore, mamãe." Na manhã do dia 10 de abril de 1980, o pequeno James, de apenas 2 anos de idade, disse pela última vez: "Não chore por minha causa, mamãe." E morreu. Fiel ao último desejo de James, Kathy sufocou sua dor. Ela me relatou: "Desliguei-me de mim mesma e de todos. Devia estar zangada. Devia estar triste. Mas abafei todos os meus sentimentos e segui meu caminho."

ALGO GRANDE E PODEROSO

Kathy não tinha mesmo outra escolha a não ser se controlar e seguir em frente. Ela acabou se casando com Don, um amigo que conhecera quando James ainda estava vivo, e logo tiveram uma filha, Katie. Mas o casamento durou apenas quatro anos. Mais uma vez, Kathy se viu sozinha cuidando de uma criança pequena.

Alguns anos mais tarde, ela conheceu Billy, e, com Katie, eles se mudaram para uma pequena cidade ao norte de Illinois. Em 1987, tiveram seu primeiro filho juntos, Josh. Finalmente num bom relacionamento e com uma família abençoada, Kathy viu seu mundo se tornar mais alegre. Billy sabia sobre James, mas respeitou o desejo da mulher de nunca mencionar o assunto para a nova família. Kathy não queria olhar para trás.

Em 1992, Kathy engravidou outra vez. No final de dezembro, o bebê nasceu por cesariana. Quando ainda estava tonta por causa da anestesia, viu um grupo de especialistas entrar no seu quarto, perguntando: "Seu marido já lhe contou?" O coração de Kathy desmoronou, achando que o bebê estava morto. Um dos médicos prosseguiu: "Você teve um menino. Mas, antes de trazê-lo, precisamos preveni-la de que o olho esquerdo dele não tem cor. Achamos que o bebê é totalmente cego deste olho." Embora a maioria das mães fosse ficar terrivelmente perturbada com uma notícia dessas, Kathy se sentiu aliviada só de saber que seu bebê, Chad, estava vivo.

Mas a notícia sobre o olho era apenas o começo. Assim que bateu os olhos em Chad, Kathy notou uma pequena marca escura e inclinada no lado direito do pescoço, exatamente no local onde ficava a incisão de James quando lhe colocaram o tubo de alimentação intravenosa. Ela perguntou ao pediatra da equipe o que era aquela marca. O médico não deu muita importância ao fato, afirmando: "É apenas um sinal de nascença."

Mas Kathy não se convenceu. Aquilo não parecia uma marca de nascença, e sim uma cicatriz. Era profunda demais para um arranhão e não era uma ferida aberta. Era uma linha reta, como uma cicatriz cirúrgica. A incisão no pescoço de James também era uma linha reta. Agora, ali estava a mesma marca em Chad. Kathy examinou o pequenino corpo e viu que a criança possuía um cisto no lado direito da cabeça, três centímetros atrás da orelha – o mesmo lugar de onde removeram tecido para a biópsia do tumor de James. Ela perguntou sobre o cisto a um outro médico. Era um tumor? O médico disse que era um cisto benigno que desapareceria em poucas semanas.

Kathy estava assombrada com essas *coincidências*. Lembrou-se do estado de James logo antes de morrer, de como qualquer um podia ver que ele estava doente por causa dos três problemas aparentes: o olho opaco em consequência da cegueira, a cicatriz no pescoço e o tumor acima da orelha direita. E ali estavam exatamente as mesmas marcas em Chad. Foi então que ela se deu conta. Ao pegá-lo pela primeira vez em seus braços, uma onda de alívio a envolveu, pois percebeu de imediato que algo grande e poderoso estava acontecendo em sua vida. Kathy me relatou:

> Foi como se um peso enorme saísse da minha alma. De repente, me senti à vontade, finalmente me senti em paz. Antes daquele momento havia sempre algo faltando em minha vida. Naquele instante, porém, a lacuna foi preenchida. Senti que James estava de volta. Tudo isso estava acontecendo enquanto os médicos continuavam discutindo a cegueira de Chad. Eu não me importava. Estava totalmente envolvida

por aquele sentimento poderoso e pelo vínculo que sentia ter com Chad. Era como se houvéssemos tido uma ligação anterior e eu pudesse percebê-la. Eu me senti completamente abençoada.

Kathy sabia que não poderia comentar com ninguém o que estava sentindo. Os médicos jamais entenderiam. Sua família se mostraria cética. Mas ela tinha certeza de que o sentimento que experimentava não era fruto de desejo ou fantasia criados pela saudade do filho morto. Era algo que ia muito além, que ultrapassava tudo o que ela conhecia.

Kathy levou seis meses para tomar coragem e confessar ao marido, que não conhecera James, suas suspeitas. Billy concordou que havia algo de diferente em Chad e notou a ligação especial entre ela e o menino, mas fora isso não sabia mais o que pensar. A mãe, a avó e a tia de Kathy estavam impressionadas com as semelhanças entre os dois bebês, mas guardaram para si mesmas essas impressões. Tempos depois, uma tia disse que conseguia *sentir* James em Chad, mas evitou discutir o assunto com Kathy, temendo abrir velhas feridas.

À medida que Chad foi crescendo e sua personalidade foi se desenvolvendo, a família de Kathy percebeu outras semelhanças entre as duas crianças. Chad é calado, afável e nervoso, exatamente como fora James. Chad joga a perna esquerda quando anda, apoiando-se mais na direita – James tivera sérios tumores na perna esquerda fraturada e, por isso, mancava. Kathy comparou fotografias dos dois meninos na mesma idade e percebeu que, por causa do tumor, o lado esquerdo do rosto de James havia ficado um pouco menor do que o direito. O lado esquerdo do rosto de Chad também é um pouco menor do que o direito. Além disso, Chad é muito claro, diferente dos outros filhos de Kathy, que são morenos.

A irmã de Kathy observou outra incrível semelhança. Quando Chad tinha mais ou menos 4 anos, seus dentes de leite ficaram deteriorados. O pediatra atribuiu o problema à falta de amamentação e ao uso de mamadeira, mas Kathy lembrou a ele que seus outros filhos haviam sido alimentados da mesma forma e seus dentes eram normais. Ela ficou imaginando se a deterioração dos dentes não seria mais uma característica física remanescente de James, que, ao morrer, tinha diversos tumores na boca.

Para aumentar o mistério, Kathy levou Chad a vários especialistas para encontrar a causa e a cura de sua cegueira. Mas os médicos não conseguiam determinar a origem da doença. Quando examinavam o olho esquerdo, percebiam que não respondia aos estímulos, que não tinha reflexos diante da luz. O único diagnóstico que puderam dar foi de leucoma corneano, associado ao descolamento da retina. Kathy estava certa de que esse problema tinha algo a ver com James: o tumor havia feito com que seu olho se tornasse protuberante e se descolasse da retina. Mas ela sabia que não podia dizer algo assim para os médicos – pensariam que ela estava maluca.

"PORQUE DEIXEI VOCÊ LÁ"

A rotina agitada da vida de Kathy deixava pouco tempo para reflexões sobre o mistério com o qual convivia diariamente. Ela deu à luz uma outra menina dois anos depois e, além de cuidar de quatro filhos, trabalhava como gerente do turno da noite em uma lanchonete.

No início de 1997, quando Chad tinha 4 anos, ele começou a ter algumas lembranças. Um dia, de repente, perguntou à mãe se ela se lembrava de sua *outra* casa. Surpresa, Kathy perguntou: "Que *outra* casa?" E Chad descreveu uma casa alaranjada e marrom do lado de fora, com móveis da cor de "chocolate". Depois, perguntou por seus brinquedos, citando um vermelho que fazia barulho ao ser puxado. Kathy não respondeu diretamente à pergunta, mas fez outra: "Por que você quer voltar a essa outra casa? Por causa dos brinquedos?" Chad a olhou fixamente e respondeu: "Porque deixei você lá."

Aquelas palavras lhe causaram arrepios. A casa que Chad descreveu era o apartamento onde James vivera quando bebê. Do lado de fora, as paredes eram de tijolos alaranjados e marrons e os móveis eram mesmo escuros, da cor de "chocolate". O brinquedo vermelho e barulhento realmente pertencera a James. Chad e seu irmão mais velho jamais tiveram um. Kathy sabia que não havia mencionado esses detalhes para Chad ou para Billy, que sequer conhecera James ou o lugar onde eles moraram. Kathy não tinha fotografias do prédio nem do interior do apartamento. A última afirmativa de Chad, "porque deixei você lá", foi o primeiro sinal de que ele se identificava com James. Embora

Kathy tivesse sentido essa ligação desde o nascimento, até aquele instante ela nem sonhava que o próprio Chad também soubesse.

Nos meses seguintes, Chad implorou várias vezes para que ela o levasse até a outra casa. Sempre que o filho falava nisso, Kathy sentia arrepios por todo o corpo. Também percebeu que, ao falar sobre a vida de James, o tom de voz e o semblante de Chad se modificavam. "Quando Chad conta uma história, desvia o olhar e fala com voz tímida. Mas, quando mergulha nessas conversas, sua expressão muda totalmente. Ele me olha nos olhos e usa um tom de voz incisivo. Sinto sua sinceridade."

Kathy não sabia o que fazer. Desviava-se das perguntas de Chad e de seus pedidos para ver a outra casa, temendo encontrar a verdade. Uma vez, quando Kathy negou novamente, Chad ficou tão frustrado que explodiu: "Mamãe, não estou inventando isso. É verdade! Por que você não liga para o seu pai e pergunta onde eu morava? Porque *ele* sabe." E Kathy comentou: "O mais estranho é que Chad não conhece meu pai, mas ele mora perto do apartamento e perto de onde James foi enterrado."

Kathy lutou contra os próprios sentimentos e a própria relutância em enfrentar as lembranças de Chad. E sabia que não era a única a viver tal luta. Chad também a vivia. "Acho que Chad está procurando ajuda e não sei como ajudá-lo. Quando fala no assunto, percebo o quanto está confuso. Será que ele quer voltar à outra casa apenas para revê-la ou existe algo mais? Isso me deixa angustiada. Não sei o que fazer." Kathy rezou para encontrar alguém que a ajudasse a entender o que estava acontecendo com o filho.

O MESMO ESPÍRITO, UM OUTRO CORPO

Alguns meses depois, Kathy estava numa livraria e meu livro pareceu voar da prateleira e cair em suas mãos. Ela ficou abismada ao encontrar a ajuda que estava procurando. Antes mesmo de chegar ao fim do primeiro capítulo, Kathy anotou o meu e-mail, estampado na capa do livro. Sua mensagem trazia apenas os fatos mais relevantes: uma criança morre, outra nasce 12 anos depois com marcas de nascença que correspondiam às doenças do corpo da criança morta. A segunda criança se lembra de detalhes da vida da primeira – eu estaria interessada em conversar com ela? É claro que sim! Enviei logo uma resposta com o número do meu telefone e pedi que Kathy ligasse sem demora. Uma semana depois, ela ligou.

Quando conversamos pela primeira vez, ela começou sua história com um "Espero que não me ache louca", palavras que geralmente introduzem essas conversas. Logo a fiz ver que, pelo fato de já ter ouvido todos os tipos imagináveis de histórias sobre vidas passadas e renascimentos, nada do que ela dissesse poderia me surpreender.

Enquanto Kathy contava sua história, mal pude controlar minha agitação. Eu jamais presenciara um caso físico de reencarnação tão forte como aquele. Como pesquisadora, compreendi o significado do que estava ouvindo e quanto aquele caso podia ser valioso como prova da reencarnação. Por mais notáveis que sejam as afirmativas e os comportamentos de uma criança, sempre há lugar para dúvidas. Mas evidências físicas tão inequívocas ligando duas vidas não podem ser explicadas apenas como coincidência.

CURAS PELAS VIDAS PASSADAS

Quando se sentiu mais à vontade para dividir comigo suas impressões e dúvidas, Kathy admitiu acreditar que havia uma razão para a volta de Chad. Ela sabia que não era uma simples coincidência. E se perguntava: "Por que ele havia voltado?"

Eu lhe disse que alguns dos casos por mim estudados realmente sugerem a existência de razões lógicas que levam uma alma a retornar ao seio da mesma família: para estar de novo com seus entes queridos, para continuar a aprender e a crescer ou para se curar emocional e até fisicamente. Sim, é possível uma criança alcançar a cura de sintomas físicos que se originam em vidas passadas quando tem a chance de falar livremente sobre suas lembranças e de concluir suas experiências anteriores.

Para mostrar como isso é possível, contei a Kathy duas histórias. A primeira, sobre meu próprio filho, Chase. Aos 5 anos, ele desenvolveu um medo histérico quando ouvia estrondos. Desde muito pequeno, ele apresentava um eczema crônico no pulso direito que não respondia a nenhum tratamento médico. Logo após a primeira manifestação dessa fobia, Chase nos deixou perplexos com suas lembranças claras de ter sido um soldado negro morto numa batalha durante a Guerra Civil americana.

Ele descreveu inúmeras vezes sua experiência nos campos de batalha do ponto de vista de um adulto, não de uma criança. Contou que teve medo, que estava confuso em meio ao caos do combate e triste por sentir saudades de sua esposa e seus filhos. Descreveu também como havia sido ferido no pulso direito (o mesmo lugar do eczema crônico) e levado para um tosco hospital de campanha, onde fora tratado e logo mandado de volta para o campo de batalha. Um tiro de canhão acabou matando-o.

Meu filho confessou que ainda se sentia culpado quanto ao seu papel de soldado, por precisar matar outros para sobreviver. Eu lhe disse que ele não tinha culpa de suas atitudes durante a batalha: só estava cumprindo um dever. Falei para ele que desempenhamos diversos papéis em diferentes existências, como atores numa peça de teatro, e assim nos tornamos pessoas melhores. Para minha surpresa, essa simples explicação fez efeito: Chase ficou visivelmente aliviado. Poucos dias depois, o eczema do pulso desapareceu e nunca mais voltou. A fobia de estrondos também acabou.

A outra história de cura me foi contada por Patricia Austrian. Quando bebê, seu filho Edward apresentava problemas de deglutição. Ao aprender a falar, apontava para a garganta e reclamava: "O furo dói!" Seus pais acreditavam que ele estava comparando a dor que sentia na garganta a uma injeção, algo que detestava. Porém, aos 3 anos, descobriram que ele tinha um perigoso tumor na garganta, que precisava ser removido o mais rápido possível. Mas o cirurgião achou que Edward deveria, primeiro, se submeter à extração das amígdalas.

Após a retirada das amígdalas, o pequeno Edward informou aos pais que não precisaria da segunda cirurgia porque o "furo" havia desaparecido. Eles imaginaram que o filho ainda estava sob efeito da anestesia e por isso o deixaram falar à vontade. Então, Edward disse que, "da outra vez em que era grande", havia sido um soldado na França. Reclamou que era jovem demais para lutar, tinha apenas 18 anos – um comentário estranho para uma criança de 4 anos! Disse que estava sempre gelado, faminto e sozinho. Um dia, uma bala o atingiu por trás, alojando-se na garganta. Na presença do pai, que era médico, Edward forneceu uma descrição clínica precisa do que é morrer com uma ferida a bala na garganta – detalhes pavorosos que poucos adultos poderiam conhecer, muito menos uma criança.

Os pais de Edward estavam perplexos diante do realismo daquela história. E ficaram chocados ao descobrir que, em três dias, o tumor desaparecera completamente. O cirurgião ficou muito surpreso com a remissão espontânea da doença, e sua expectativa era de um reaparecimento. Porém, mais de 10 anos se passaram e o tumor não voltou.

Após mostrar a Kathy as possibilidades que as memórias de vidas passadas têm de promover a cura, perguntei quais eram os prognósticos da doença no olho de Chad. Segundo Kathy, como os especialistas não puderam encontrar uma causa fisiológica para a cegueira, não tinham certeza de como tratá-la. Foi então que ela lançou uma pergunta: "Se existem questões emocionais do passado que James e eu precisamos resolver, e se pudermos resolvê-las, haveria cura para o olho de Chad?" Respondi que achava que era possível.

AGORA, O "NUNCA" CHEGOU

Nos meses que se seguiram, Kathy e eu passamos muitas horas ao telefone, examinando os possíveis assuntos do passado de James que teriam ficado pendentes. Tudo isso provocava emoções dolorosas em Kathy. Porém, por mais difícil que fosse, ela estava decidida a curar o filho e a si mesma.

Primeiramente, precisávamos descobrir a qual pendência de James deveríamos nos dedicar. Só nos era possível adivinhar o que sua alma estava expressando pelos sintomas físicos de Chad e por seu desejo de retornar à casa onde vivera. Ele estaria sugerindo algo não resolvido quando respondeu "porque deixei você lá"? Teria voltado apenas porque morrera jovem demais, sentia falta da mãe e queria estar com ela outra vez?

Contei a Kathy a história de Gary, que morrera no incêndio, e como, aparentemente, ele voltara para estar com a mãe, Edith. Isso fez Kathy pensar: "Talvez James tenha voltado por causa da minha necessidade desesperada e egoísta de tê-lo comigo. Talvez minhas preces o tenham atraído de volta para mim." Ficou mais fácil determinar quais seriam os assuntos pendentes *de Kathy*. Ela admitiu que não vivera completamente seu luto por James. Como o filho lhe havia implorado que não chorasse quando ele morresse, Kathy sufocara a própria dor. "Imagino que em algum lugar da minha mente se esconda a culpa. Fiz o que me foi pedido, embora não fosse a minha vontade. Às vezes penso se James não precisaria que eu tivesse chorado por ele para demonstrar o quanto o amava."

Kathy ainda se surpreendia quando Chad revelava suas lembranças, que surgiam sem que se soubesse de onde. Tentei convencê-la de que aqueles momentos eram a oportunidade de que ela precisava para ajudá-lo a resolver seus assuntos pendentes, aproveitando para fazer perguntas e tentar entender se havia algum problema da vida passada incomodando Chad.

Eram também oportunidades para dizer ao filho que ela sabia que ele era James renascido. Este simples reconhecimento poderia abrir mais as portas para essa outra realidade, em que ela poderia falar diretamente com o espírito de James – aquela parte dele que ainda se expressava por meio de Chad. Sugeri que, enquanto ele estivesse comentando suas lembranças, Kathy se dirigisse a James dizendo como se sentia: "Fiquei muito triste quando você morreu, mas sei que precisava abandonar seu corpo doente, e agora estou muito feliz por ter você de volta."

Expliquei a Kathy que ela também devia mostrar ao filho que ele agora estava num corpo sadio, numa nova existência. Este é um ponto importante. Outros casos demonstram que alguns espíritos não compreendem que fizeram a transição para um novo corpo. Nos primeiros anos de vida, certas crianças confundem o passado com o presente e se identificam com as lembranças e o corpo de suas vidas passadas. Por isso cabe aos pais mostrar-lhes essa diferença, repetindo-lhes que se encontram num novo corpo. Suas almas parecem entender a distinção.

Porém, Kathy temia que, se tivesse que enfrentar o passado com Chad, a dor da antiga ferida seria intolerável para ela e chocante demais para o menino. Sempre que Chad falava sobre James, Kathy sentia que a imensa dor enterrada há tantos anos vinha à tona outra vez. "As lembranças de Chad estão abrindo uma ferida que tentei cicatrizar. A morte de James foi tão dolorosa que eu queria fechar a porta daquele capítulo da minha vida e nunca mais abri-la. Agora a porta está sendo destrancada."

Entendi a relutância de Kathy em mergulhar na dor. Mas eu também sabia o quanto ela desejava vencer o que quer que estivesse prejudicando Chad. Por isso, a encorajei a lidar de frente com as observações do menino e a parar com evasivas. Temia que essa janela de lembranças não ficasse aberta por muito mais tempo e a oportunidade de uma cura natural fosse perdida.

LEIA O LIVRO DEVAGAR

Kathy continuou a me ligar durante seis meses em intervalos mais ou menos regulares. Aos poucos, começara a falar com Chad a respeito de James, mas o menino não parecia escutar. Em duas ocasiões, Chad tivera reações surpreendentes: primeiro, quando a mãe lhe mostrara um retrato de James e Chad afirmara "Este sou eu" e, depois, ao contar para o irmão mais velho histórias acontecidas com James como se fossem dele. Kathy esperava pacientemente, sem forçar. Após um extenso período de silêncio recebi um telefonema. Kathy estava eufórica:

> Uma noite, sentei Chad no meu colo e disse: "Eu não sei tudo, mas sei que você esteve aqui antes e que era um menino muito doente. Então, você teve que ir embora para poder voltar num corpo saudável." Chad ficou quieto, ouvindo o que eu dizia. Então, levantou as sobrancelhas, seu rosto se iluminou e ele disse alegremente: "Eu sei." E depois saiu correndo e foi brincar. Só isso.
>
> Dois dias depois, ele entrou correndo na cozinha, bastante agitado. Fechou o olho direito e disse: "Não é legal? Eu posso ver você com esse olho!" Eu o corrigi, dizendo que ele não podia enxergar com o olho esquerdo, mas ele insistiu afirmando que podia. Testei-o de vários modos, até constatar que, de fato, ele conseguia ver com o olho esquerdo. Havia luz em seu olhar e um sorriso de alegria estampado em seu rosto!

Kathy estava perplexa diante da constatação de como suas meras palavras puderam afetar Chad. "Embora eu rezasse e tivesse esperança de cura, jamais poderia esperar o que aconteceu. Puxa, como estava enganada!"

Fiquei imensamente feliz com as novidades. Insisti para que Kathy levasse Chad ao oftalmologista. O médico constatou apenas uma pequena melhora no olho esquerdo. Isso não diminuiu o entusiasmo de Kathy. Qualquer mínima melhora era uma evidência palpável de que algo estava mudando para melhor e lhe dava esperanças de futuros progressos. Ela acreditava que suas palavras haviam penetrado no âmago de Chad e que a alma do filho estava começando a compreender e a se curar.

> Meu maior desejo é que a alma de Chad alcance a paz. Para que isso aconteça, é preciso haver, para ambos, uma conclusão do passado. Se ele se sentia culpado por me deixar, se precisava saber o quanto fiquei triste quando ele morreu, agora tem consciência de que estou bem e que o amava muito. Estamos preparados para lidar com o que quer que venha a acontecer. Parece que curar uma alma é como ler um livro bem devagar: concluímos um capítulo de cada vez.

Durante o ano seguinte, o quinto da vida de Chad, ele continuou a falar sobre sua vida como James cada vez mais esporadicamente. Kathy sabia que essas memórias eram uma bênção e uma oportunidade de cura. Ela não tinha mais medo e as considerava bem-vindas, lamentando o fato de estarem desaparecendo.

Hoje, aos 6 anos, Chad quase não fala de sua vida como James. Está se tornando uma criança robusta e saudável. Seu corpo pequenino e frágil vem se fortalecendo. Ele corre para brincar com os filhos dos vizinhos e está perdendo a timidez. Kathy percebe claramente que o filho é cada vez mais Chad. Mas, em alguns momentos, principalmente quando ela observa algum ângulo do rosto do menino refletido no espelho ou quando vê a marca de nascença que ele traz no pescoço, Kathy se lembra de que James também está ali, e isso a reconforta. Ela se sente grata pelo fato de Chad ter saúde, poder crescer e sentir as alegrias da infância, algo que James jamais experimentou.

CAPÍTULO 3

Reencarnação e biologia

Algumas pessoas me perguntam como posso ter certeza de que uma história como a de Kathy é verdadeira. As marcas de nascença de Chad seriam simples coincidências sobre as quais Kathy construiu uma elaborada ilusão para satisfazer sua necessidade de rever o filho ausente? Eu estaria contribuindo para encorajar essa fantasia? Afinal, como podemos saber que quaisquer desses casos familiares são reais? Seriam eles o simples reflexo do desejo que certos pais – convencidos a partir dos mais tênues indícios da existência da reencarnação – nutrem a respeito de ter um filho ou parente de volta?

Sim, suponho que algumas famílias convençam a si mesmas de que estão diante da reencarnação com base em pistas falsas. Mas raramente vejo tais casos porque, acredito eu, quando as evidências são frágeis, as famílias guardam para si as próprias suspeitas. O que geralmente presencio são muitos casos cujos sinais são tão evidentes que os pais se sentem impelidos a levantar a questão. Nos melhores, as provas são tão claras que desafiam qualquer explicação normal diferente da reencarnação. Neste capítulo, pretendo mostrar por que estou convencida de que os casos são reais.

A VERDADE EM NÚMEROS

Venho colecionando casos desde 1988, ano em que comecei a estudar as memórias infantis de vidas passadas. Eles vieram até mim por vários caminhos, de diferentes regiões dos Estados Unidos e do Canadá, e alguns até da Europa. São trazidos por pessoas que sempre acreditaram em reencarnação, assim como por pessoas que jamais aceitaram esse fenômeno, até que acontecesse em suas próprias casas.

Para ser sincera, nem todas as histórias que ouço são casos óbvios de reencarnação. Alguns são muito dispersos, sem sinais suficientes para me levar a uma conclusão. A criança faz uma ou duas afirmações surpreendentes sobre "quando eu era grande", e nada mais. Ou apresenta algum comportamento inexplicável sem fazer declarações que possam associá-lo a uma outra existência. Em casos como esses, a criança pode ou não estar se lembrando de alguma vida passada.

Em outros, porém, me vejo diante de uma constelação de afirmações, comportamentos e características físicas que, se considerados juntos, apontam para uma vida anterior. Geralmente, consigo identificar os casos verdadeiros após alguns minutos de conversa com os pais, por se ajustarem aos padrões que considero sinais confiáveis: a criança começa a falar muito cedo de sua vida passada, relata suas lembranças em tom sério e tranquilo, faz afirmações com referências específicas ao passado, além de se comportar e ter características físicas comparáveis com a vida do morto.

O que me leva a pensar que se trata de um fenômeno verdadeiro não é apenas o grande número de casos similares. É também *como* os pais acabam convencidos, geralmente contra a própria vontade. A maioria das pessoas que me procuram não acreditavam em reencarnação antes. No início ficam aborrecidas com o que estão testemunhando porque tudo isso abala seu aprendizado religioso e sua crença de que "só se vive uma vez".

No entanto, não podem negar aquilo a que seu filho está sendo exposto. Eles sabem quais são os traços – um capengar característico resultante de um ferimento, por exemplo – que não podem ser atribuídos à hereditariedade. Alguns observam marcas de nascença na criança que correspondem a feridas ou cicatrizes do morto. Ainda assim, procuram explicações racionais para esses fatos. Somente após todas as possibilidades serem eliminadas é que se permitem concluir que estão testemunhando a reencarnação dentro de seus próprios lares.

Alguns pais que me procuram estão confusos e querem ajuda para entender o que está acontecendo com seus filhos. Mesmo que, em tese, não tenham problemas em aceitar a reencarnação, lutam contra a ideia de que um espírito possa voltar para a mesma família e temem concluir que o seu grupo familiar é a mais bizarra exceção. Por isso, ficam bastante aliviados ao saberem que muitas outras famílias estão presenciando o mesmo fenômeno em suas casas e que seus filhos não apresentam uma anormalidade.

Outros pais não precisam de nenhum convencimento. Quando me

procuram, já estão certos há bastante tempo de que estão convivendo com um filho que é a reencarnação de algum parente. Para testar sua convicção, desafio-os sugerindo outras explicações. Eles respondem fornecendo uma lista dos sinais reveladores nos quais aprendi a confiar. Após conversarmos por algum tempo, ficam mais à vontade para dividir seus segredos comigo e descrevem o sentimento que nutrem pela criança, a extraordinária ligação que compartilham, a profunda conexão que torna aquela criança especial. Ouvi isso tantas vezes que acredito que um conhecimento profundo e indizível é tão real quanto os sinais mais objetivos.

IAN STEVENSON

Os casos que vejo todos os dias me convenceram de que a reencarnação familiar é real. Mas poucas pessoas têm a oportunidade de trabalhar tão perto desses casos quanto eu. Entendo que, para muitos, é difícil aceitar uma ideia tão transformadora quanto a reencarnação sem experimentá-la diretamente e sem evidências empíricas.

Felizmente, esse tipo de evidência existe. Quando uma pessoa verdadeiramente cética me desafia quanto à verdade da reencarnação e do retorno familiar, não discuto. Apenas falo sobre o trabalho de Ian Stevenson, da Universidade da Virgínia, cito suas credenciais impecáveis e descrevo seus métodos rigorosos. Nos últimos 40 anos, Ian conduziu sérias pesquisas científicas sobre as memórias infantis espontâneas de vidas passadas e acumulou mais de 2.600 casos. Seu trabalho é tão sólido e respeitável que permite que pessoas criteriosas tratem da reencarnação como um assunto sério e aceitem a sua verdade sem comprometer a própria confiança na razão ou na ciência.

Uma visão ainda mais profunda de seu trabalho também nos permite acreditar na reencarnação *dentro da mesma família*. A reencarnação familiar é mais difícil de ser comprovada porque requer que sejam documentados fatos que só a família conhece. Mas, graças ao pesquisador, isso hoje não é mais problema. Ele comprova o caso geral: crianças podem se lembrar, e realmente se lembram, de vidas passadas mais recentes. Assim, se alguma criança pode se lembrar de ter sido uma pessoa desconhecida qualquer numa vida passada, ela pode se lembrar, também, de ter sido um parente morto. Essa evidência consistente é a base para a credibilidade do meu trabalho sobre reencarnação familiar.

Ian Stevenson é um psiquiatra veterano na comunidade científica, com centenas de artigos acadêmicos e diversos livros publicados. No auge de sua carreira na medicina convencional, foi chefe do Departamento de Psiquiatria da Universidade da Virgínia. Atualmente é mais conhecido como um pioneiro da pesquisa sobre reencarnação. Ele passou a maior parte dos seus 60 anos de trabalho (hoje tem mais de 80 anos de idade) aperfeiçoando métodos para estudar as memórias infantis de vidas passadas.

O pesquisador reuniu cerca de mil casos nos quais crianças fizeram um número suficiente de afirmações específicas e detalhadas sobre suas vidas passadas que levaram à identificação da pessoa morta. Baseado nisso, Ian localizou a família e os amigos do morto e analisou as afirmações, o comportamento e as características físicas da criança, comparando-os com os fatos da vida da pessoa morta. Em praticamente todos esses quase mil casos, encontrou uma correspondência direta entre as memórias da criança e a vida do falecido.

A maior parte dos casos de Ian Stevenson não ocorreu na mesma família. Uma vez que seu maior interesse está na coleta de provas que se sustentem diante de um exame crítico feito pela comunidade científica, ele prefere os casos em que pode demonstrar não ter havido nenhum contato entre as duas famílias envolvidas. Isso facilita a comprovação de que a criança não está apenas repetindo algo que tenha ouvido. Ainda assim, ele descobriu que casos na mesma família são comuns, e há vários deles em seus artigos e publicações.

A maioria dos casos de Ian ocorreu em países da Ásia e da parte ocidental da África e em tribos do noroeste do Pacífico. À primeira vista, poderiam ser atribuídos ao fato de que as pessoas desses países acreditam na reencarnação. Mas há muitas razões para que isso não seja verdade. Em primeiro lugar, não existe algo como uma crença universal na reencarnação, mesmo num país como a Índia. Esses casos aparecem ali em famílias crentes e descrentes. Se analisarmos um número suficiente deles, veremos que pais de culturas orientais têm tantas razões para resistir à ideia da reencarnação como uma explicação para o comportamento estranho de seus filhos quanto os pais do Ocidente.

Stevenson retorna com frequência a esses países para realizar suas pesquisas somente porque é mais fácil encontrar casos ali. As pessoas nessas culturas estão mais familiarizadas com a reencarnação e não têm medo de falar sobre o assunto. Isso contrasta com a situação no Ocidente, onde existe um tabu cultural contra a visão séria da reencarnação e contra a discussão pública desse tema. Devido à postura adotada no mundo ocidental, ele encontra dificuldades em localizar bons casos para suas pesquisas. (Mas isso está mudando com muita rapidez.)

SULEYMAN E A PÁ DE FARINHA

A história de Suleyman Capar é um ótimo exemplo do trabalho de Ian Stevenson. Diferentemente da maioria dos casos norte-americanos que tenho estudado, as crianças analisadas por esse pesquisador têm lembranças muito claras de suas vidas passadas e uma forte identificação com a pessoa que afirmam ter sido numa outra existência, como se vê na versão publicada do caso de Suleyman, um relatório acadêmico de 14 páginas, repleto de intrincados comentários e detalhes em tabelas. Segue a essência da história:

> Suleyman Capar nasceu em 1966, numa pequena cidade da costa mediterrânea da Turquia. Assim que conseguiu juntar algumas palavras, começou a apontar para longe de sua casa e implorar aos pais que o levassem "até o ribeirão". À medida que sua capacidade de falar foi se desenvolvendo, a história de sua vida passada ia emergindo com mais detalhes. Disse que havia sido um moleiro chamado Mehmet, da vila de Ekbar, e que fora morto numa briga. Usando os verbos no presente, ele repetia: "Sou casado, tenho dois filhos e uma filha, e um cavalo." Lembrava-se da mãe e dizia que o pai havia se casado novamente.
>
> Ele descreveu sua morte. Fora assassinado por um cliente descontrolado, também chamado Mehmet, que lhe acertou a cabeça com uma pá de farinha. O pequeno Suleyman repetiu esses fatos até que, quando completou 2 anos, sua mãe o levou a Ekbar, uma vila distante da sua. Suleyman a conduziu até o regato e o moinho e apontou para a casa onde vivera. Numa segunda visita, ele reconheceu e cumprimentou espontaneamente a mãe de Mehmet Bekler. Ela confirmou que o filho

havia sido um moleiro e que morrera havia quatro anos, durante uma briga, quando lhe acertaram uma pá de farinha na cabeça. Os relatórios do julgamento confirmaram a descrição da morte dada por Suleyman. Ele acertou também quanto aos detalhes sobre a família, inclusive o fato de o pai ter se casado pela segunda vez.

As duas famílias não se conheciam antes de tudo isso acontecer. Quando o menino cresceu, ele e a família de Mehmet Bekler passaram a se visitar com frequência, e ele continuou a acreditar que era Mehmet, a ponto de reclamar a posse de sua propriedade. Numa das visitas a Ekbar, apontou para um desconhecido e gritou com raiva: "Ele me matou!" O desconhecido era Mehmet Bayrakdar, o assassino de Mehmet Bekler.

Além das informações que fornecia, Suleyman possuía uma marca de nascença, um elo físico entre suas duas vidas, que reforça todas as outras evidências de que ele seria Mehmet Bekler renascido. Três testemunhas que estavam presentes ao nascimento de Suleyman relataram que sua nuca era achatada e pouco firme, a pele franzida e descolorida como se fosse uma cicatriz. O próprio Stevenson examinou Suleyman quando ele tinha 7 anos e relatou que o sinal ainda era claro. Parecia uma ferida mal curada, resultante de um golpe na parte de trás da cabeça. Verificando o relatório da autópsia de Mehmet Bekler, o pesquisador confirmou que a deformidade de Suleyman correspondia ao tipo, à localização e ao tamanho da ferida causada pela pá de farinha.

A marca de nascença de Suleyman poderia ser explicada como coincidência? Caso se tratasse do único caso desse tipo, talvez o sinal pudesse ser apenas uma inexplicável curiosidade. Mas não é. Este é um dos 225 casos em que são constatados marcas ou defeitos congênitos, publicados em 1997 no livro *Reincarnation and Biology: A Contribution to the Etiology of Birthmarks and Birth Defects* (Reencarnação e biologia: uma contribuição para a etiologia dos sinais e defeitos de nascença), de Ian Stevenson.

O trabalho é imponente. Seus dois volumes contêm 2.268 páginas, repletas de tabelas, diagramas anatômicos, fotografias de autópsias, radiografias, descrições detalhadas de casos, notas técnicas, numerosos apêndices, extensas análises e comentários do autor. O livro oferece provas tangíveis de que o corpo de um recém-nascido pode trazer a marca de uma vida passada. Nos melhores relatos, as chances contra o acaso são tão altas que se tornam comparáveis a padrões estatísticos aceitos pela pesquisa médica convencional.

COMO COMPROVAR UMA MEMÓRIA DE VIDA PASSADA

Quais são as chances de que Ian Stevenson cometa erros quando está em trabalho de campo? Existe alguma falha latente em seu método de pesquisa? Descobri que a maioria das pessoas que tentam menosprezar as evidências de Stevenson, criticando suas pesquisas, não se deu ao trabalho de conhecer tudo o que ele faz quando documenta seus casos.

Sua investigação é sistemática e meticulosa. O coração de seu método é a entrevista, e ele é perito nesta área. No início de sua carreira, escreveu um livro didático para psiquiatras, *The Diagnostic Interview* (A entrevista para o diagnóstico), baseado nos métodos utilizados pelos advogados para reconstituir eventos do passado e apresentá-los como provas num tribunal. Múltiplas entrevistas são a chave do processo. E, sob o escrutínio tão rigoroso de um entrevistador profissional, é inconcebível que qualquer pessoa, principalmente os simples habitantes de pequenos vilarejos, consigam ocultar um embuste ou fazer com que exageros e fantasias sejam vistos como fatos.

Quando Stevenson começa a investigar um caso, sempre visita a criança e a família em casa, e também pessoas próximas a ela. Documenta e compara quaisquer afirmações ou comportamentos que a criança tenha demonstrado antes que o caso se tornasse conhecido. Para ser promissor, o caso deverá conter informações suficientes para a identificação do morto que ela afirma ter sido. Ian chega de surpresa à vila do morto e conduz uma nova série de entrevistas. Anota tudo o que pode descobrir sobre a vida dele e as circunstâncias de sua morte e, depois, compara-as com as afirmações e os comportamentos da criança. Se um sinal de nascença estiver presente, ele o fotografa e tenta localizar relatórios de julgamentos e autópsias ou boletins médicos sobre o morto.

Enquanto continua com a coleta de fatos, o pesquisador se dedica com afinco a descobrir quaisquer outras explicações diferentes da reencarnação para o que a criança disse e fez. Considera as maneiras normais que poderiam levar a criança a saber de detalhes da vida do morto, como o fato de ter ouvido conversas de adultos. Está sempre alerta para embustes, autoilusão ou exagero das famílias. Se encontrar uma explicação normal e plausível para as lembranças, abandona o caso.

Quando a única possibilidade que persiste é a reencarnação, Stevenson relata e publica o caso. Em cada um dos relatórios, descreve detalhes do processo e ressalta os possíveis problemas de cada caso, discutindo como as memórias poderiam ser explicadas de maneira normal. Fiel ao seu caráter de estudioso, Ian jamais chegará ao ponto de afirmar ter comprovado a reencarnação. Como repetiu inúmeras vezes, não está tentando provar nada. Seu objetivo é fornecer evidências da mais alta qualidade e com a maior objetividade possível. Ele nos estimula a tirar nossas próprias conclusões.

CAPÍTULO 4

CHICAGO, ESTADOS UNIDOS

Em janeiro de 2000, parti para um trabalho de campo sobre dois casos em Chicago e seus arredores, inclusive o de Chad. Para tanto, contei com duas ajudas preciosas: Ian Stevenson e seu colega Jim Tucker, psiquiatra infantil. Esta viagem seria o meu terceiro encontro com o pesquisador. Nela haveria um acontecimento especial: afinal, eu me encontraria pessoalmente com Kathy Luke, mãe de Chad. Embora tivéssemos desenvolvido um relacionamento próximo por causa de diversos telefonemas durante dois anos e meio, nunca havíamos estado frente a frente. E, é claro, eu estava curiosa para encontrar Chad e ver com meus próprios olhos suas marcas de nascença.

Eu e os dois psiquiatras nos encontramos no aeroporto e partimos num pequeno carro alugado. Milhares de perguntas se acumulavam em minha mente, mas tentei me controlar, pelo menos até que saíssemos do emaranhado de estradas que rodeavam o aeroporto e alcançássemos a que nos levaria ao norte do estado de Illinois. Então, lembrei que teria três dias para fazer minhas perguntas e relaxei, deixando-me embalar pelo ritmo da viagem.

EM CARNE E OSSO

Aquela era a segunda visita de Stevenson e Tucker à casa da família Luke. Eu havia levado o caso de Chad até eles no final de 1997, porque sabia que estariam interessados nas pronunciadas e múltiplas marcas de nascença, principalmente por elas possuírem documentação médica. Naquela primeira viagem, entrevistaram Kathy, Chad, outros membros da família e algumas testemunhas, examinaram o pescoço e o corpo de Chad e obtiveram os relatórios médicos sobre James. Eles me disseram que talvez aquele fosse o caso mais forte com sinais de nascença que Stevenson havia estudado nos Estados Unidos. Estavam tão impressionados com o caso que escreveram sobre ele e o enviaram para revistas médicas.

Agora se tratava de uma visita de acompanhamento. Como era hábito seu, Stevenson estava fazendo uma nova visita a Chad, já então com 7 anos, para verificar a situação. Quando chegamos à casa de Kathy, perguntei onde estava Chad. Ela me disse que o filho ficara envergonhado e se escondera no quarto. Depois de algum tempo, conseguiu convencê-lo a juntar-se a nós.

Stevenson conduziu a conversa, com sua maneira amigável, porém direta, de fazer perguntas. Os dois psiquiatras perguntaram a Kathy sobre o desenvolvimento de Chad desde a última visita e reviram os fatos relacionados ao caso. Eu ouvia atentamente, observando as técnicas de entrevista de Stevenson. Chad brincava aos meus pés, sentado no tapete. Quando ele olhou para mim, pude perceber seu olho opaco e a ligeira distorção no lado direito do rosto sobre a qual Kathy tanto me falara.

A cena parecia a de uma visita comum. Mas muitas coisas estavam acontecendo. Eu observava Chad, conversava com o pai do menino e ouvia os dois pesquisadores fazerem perguntas a Kathy – tudo ao mesmo tempo. Em determinado momento, Stevenson pediu que Chad andasse pela sala. Na última vez em que o examinaram, o capengar da perna esquerda – aquela que fora atacada pelo tumor – podia ser notado claramente. Agora havia apenas uma leve irregularidade no andar.

Em seguida, Stevenson pediu licença a Chad para ver seu pescoço. Os dois médicos se debruçaram sobre ele e se entreolharam em sinal de aprovação. Stevenson apontou para um sinal de nascença parecido com uma cicatriz. Até mesmo o meu olho inexperiente percebia que não se tratava de uma pinta ou marca de nascença descolorida. Parecia uma cicatriz cirúrgica. Foi um momento importante para mim: há vários anos eu vinha lendo sobre esses raros sinais nos trabalhos de Stevenson. Ali estava um exemplo notável em carne e osso.

Os dois médicos examinaram o nódulo congênito na nuca de Chad, que correspondia ao tumor que fora retirado da nuca de James para biópsia. Ficaram impressionados ao descobrir que ainda estava lá, apenas um pouco menor.

A hora do jantar estava se aproximando e nós já tínhamos todas as informações que queríamos. Hora de partir. Enquanto os médicos se despediam de Chad, Kathy fez sinal para que eu a seguisse até a cozinha. Espalhou sobre a mesa algumas fotografias de James. Na primeira, vi um bebê adorável, de cabelos cacheados, brincando num pátio. Na última havia uma criança sem cabelos, de rosto fundo e doente, que mal lembrava a primeira. Senti um vazio no estômago e um aperto no coração. Olhei para Chad e, mais uma vez, fui tocada pelo mistério com o qual Kathy convivia diariamente. Aquele sentimento forte e perturbador me acompanhou enquanto seguia com os dois médicos de volta para Chicago.

UMA ATUAÇÃO MAGISTRAL

No dia seguinte, visitamos Evie Redmon, cujo filho de 19 anos, Ramel, fora assassinado durante uma luta de gangues rivais em 1991. Ela acreditava que ele estava de volta no corpo de seu filho de 5 anos, Isaiah. Disse-me que o menino trazia no peito e nos braços marcas de nascença que correspondiam às múltiplas feridas das balas que mataram seu primeiro filho e que Isaiah havia feito algumas afirmações precisas sobre o assassino – fatos que ela tinha certeza de que ele desconhecia.

Eu havia conversado duas vezes com Evie pelo telefone. Ficou claro que ela e os dois filhos mais velhos acreditavam que Isaiah era um verdadeiro caso de reencarnação. Sua crença se baseava num padrão de evidências que eu já vira em outros casos: afirmações, comportamentos e um grande número de estranhas coincidências que, quando analisadas em conjunto, pareciam convincentes. E havia também os sinais de nascença.

As afirmações não eram provas sólidas, porque o assassinato fora noticiado, julgado e provavelmente discutido na frente do menino, que nascera apenas três anos após a morte do irmão. Quando levei o caso para Stevenson, deixei claro que as afirmações eram superficiais. Depois de conversar com Evie, porém, Tucker achou que a chance de encontrar marcas de nascença comprováveis num caso norte-americano fazia com que valesse a pena passar um dia a mais em Chicago e investigá-lo.

Evie nos recebeu sonolenta, porque fazia pouco tempo que chegara em casa após uma noite de trabalho. Isaiah entrou de repente, com um sorriso largo, curioso para saber quem eram aqueles estranhos. Os dois filhos mais velhos de Evie juntaram-se a nós na sala. Stevenson começou devagar, pedindo a Evie que contasse sua história. Eu a observava enquanto ela ia despertando e se tornando cada vez mais falante e agitada à medida que descrevia a morte de Ramel e o comportamento estranho de Isaiah.

Stevenson bombardeou Evie com perguntas. Tentou determinar com exatidão o que fora dito, quando fora dito e se Isaiah poderia ter sabido de detalhes sobre o assassinato do irmão mais velho entreouvindo conversas da família. No início, o método desafiador usado pelo psiquiatra me deixou pouco à vontade. Mas, à medida que ele seguia com sua linha de questionamento, percebi que estava testemunhando uma atuação magistral. Sem emitir nenhum sinal de julgamento, mas com persistência, conduziu Evie repetidamente pelos pontos mais importantes da história, testando e encontrando inconsistências.

Aos poucos ficou claro para mim que as afirmações do menino poderiam muito bem ter sido ouvidas em conversas da família e que ele poderia ter sido levado a fazê-las a partir das perguntas da mãe e dos irmãos. As afirmações, tão convincentes para a família, estavam começando a parecer questionáveis sob o escrutínio de Stevenson.

A conversa chegou ao tema das marcas causadas pelas balas. Evie teria visto o corpo? Teria um relatório da autópsia? O momento da verdade. Pedindo licença, Stevenson levantou a camisa de Isaiah e perguntou a Evie quais as marcas que correspondiam aos ferimentos de Ramel. Ela mostrou. Ele trocou algumas palavras em voz baixa com Tucker e me chamou para ver também. Notei três minúsculas pintas e um ponto de leve pigmentação. Olhei para Stevenson em busca de algum veredicto, mas ele se manteve em silêncio e com o rosto inexpressivo.

Durante a entrevista, Evie admitiu acreditar fortemente na reencarnação antes mesmo da morte do filho. O pesquisador a pressionou a falar mais sobre suas crenças. Acreditava que era possível a volta do filho? Sim, acreditava. Por sua vez, Evie perguntou a ele se sabia alguma coisa sobre reencarnação. "Não", respondeu Stevenson. A expressão de meu rosto era de surpresa, e vi um leve sorriso surgir nos lábios de Tucker. Logo deduzi que Stevenson estava tentando evitar uma visita prolongada demais.

Agradecemos a Evie por ter nos recebido e saímos. Caminhamos em silêncio até o estacionamento. Eu sabia que, para os objetivos de Stevenson, o caso não havia se sustentado. Quando entramos no carro, ele explicou que as marcas de nascença não passavam de pintas comuns, que ele não podia ter certeza de que as afirmações de Isaiah não haviam sofrido influência da família e que as convicções de Evie sobre reencarnação e seu desejo de ter o filho de volta poderiam ter distorcido suas percepções. Embora alguns dos fatos fossem intrigantes e de difícil explicação, não havia evidências objetivas suficientes no caso para satisfazer os rigorosos critérios de Stevenson ou para justificar uma investigação mais profunda.

Na volta ao hotel, fiquei pensando em tudo o que acabara de acontecer. A rejeição do caso pelo psiquiatra seria uma indicação de que Evie e sua família estavam enganadas e apenas desejavam a volta de Ramel? Não, isso não era verdade. Suas crenças eram baseadas em evidências pessoais impossíveis de serem avaliadas com verdadeira justiça por meio dos métodos de Stevenson. A história de Evie era bastante surpreendente. Incluía datas coincidentes ligando a morte do filho ao nascimento de Isaiah, sonhos vívidos e pequenos detalhes nos quais Isaiah refletia os mesmos comportamentos de Ramel. Para Evie e seus filhos, aqueles sinais eram convincentes e reais, inclusive o simples fato de sentirem a presença de Ramel naquela outra criança. Eu acreditava que aquele era um caso de reencarnação? Com base no que presenciara, não podia ter certeza.

O AMOR É SUFICIENTE

No dia da partida, durante o café da manhã, Stevenson me perguntou o que queriam os pais americanos que entravam em contato comigo. Respondi que, antes de tudo, desejavam assegurar-se de que não havia nada de errado com seus filhos, que faziam afirmações tão estranhas. Sentiam-se confortados ao saber dos inúmeros casos semelhantes. Precisavam também de orientação sobre como acolher as afirmações e reagir a elas para ajudar os filhos.

Os psiquiatras me deixaram num terminal da companhia aérea em que eu viajaria e nos despedimos. Desabei no meu assento, o corpo cansado, a mente acesa. Enquanto o avião aguardava a ordem para decolar, fechei os olhos e refleti sobre tudo o que havia acontecido nas últimas 48 horas.

A viagem me trouxera uma valiosa perspectiva quanto à direção do meu trabalho. Decidi há muito tempo que investigar as memórias de vidas passadas não é o meu objetivo principal – Stevenson e seus colegas já fizeram um esplêndido trabalho sobre isso. Agora, estou mais convencida do que nunca de que a minha missão é avançar para o estágio seguinte e trabalhar com os temas subjetivos e as implicações práticas que o trabalho de Stevenson não abrange.

Baseada em suas conclusões, tenho liberdade para trabalhar com os muitos casos que não são tão fortes em evidências objetivas mas que ainda têm muito a ensinar. Os casos na mesma família, por exemplo. Há tantas lições práticas, tantos conhecimentos ainda para se extrair... À medida que o número de casos crescer e a reencarnação ganhar respeitabilidade, a perspectiva das vidas passadas poderá virar de cabeça para baixo a psicologia e o estudo do desenvolvimento infantil. No mínimo, essas histórias colocarão o relacionamento entre pais e filhos sob uma nova luz. Tudo o que os pais envolvidos nesses casos estão descobrindo por si mesmos precisa ser entendido, articulado e organizado em conselhos práticos que todos possam usar.

Há também um nível místico e espiritual mais elevado nesses casos de reencarnação que Ian Stevenson não aborda em seus trabalhos. Sei que as histórias têm o poder de mudar as pessoas. Os pais me contam como a experiência de seus filhos dissolveu o seu próprio medo da morte. E o benefício espiritual não se restringe aos pais. As histórias estão repletas de indícios para qualquer um que tenha se perguntado o que acontece após a morte ou que tenha sentido uma ligação de almas instantânea quando vê uma pessoa pela primeira vez. Essas lições também precisam ser compartilhadas.

O avião já havia levantado voo quando me lembrei de um momento revelador, ocorrido um pouco antes de nos separarmos no aeroporto. Como não sabia quando veria Stevenson de novo, precisava lhe fazer uma pergunta que estava evitando até então. Contei a ele que eu estava trabalhando num capítulo chamado "Escolhendo uma vida" e queria saber quais eram suas reflexões mais recentes sobre o que nos leva a escolher os pais que temos.

Introduzi o assunto resumindo as observações que ele havia publicado sobre o tema, para provar que eu fizera bem o dever de casa. Relacionei os possíveis motivos: geografia, familiaridade, acaso, assuntos pendentes e a ideia de que o amor possa atrair uma alma de volta para os pais. Ouvi-o resmungar, com uma leve impaciência na voz: "E amor já não é razão suficiente?"

Não era a resposta que eu esperava daquele cientista.

CAPÍTULO 5

TROCA DE PAPÉIS

Um relacionamento próximo entre duas pessoas não precisa terminar para sempre quando uma delas morre. Se elas são reunidas pela reencarnação, o relacionamento recomeça. É claro que não poderá ser exatamente como antes. Mas algo sobre a *qualidade* do relacionamento anterior continua, como acontece quando duas pessoas se reencontram depois de uma longa ausência: algumas coisas mudam, outras não.

Troca de papéis – casos em que a mãe morre e renasce como filha da própria filha – é um impressionante exemplo de como os relacionamentos podem prosseguir, apesar da morte. O vínculo entre mãe e filho, moldado no ato do nascimento, é o mais primário de todos, o de maior carga emocional e, algumas vezes, o mais difícil relacionamento para qualquer um de nós. Por isso, quando uma mãe morre e volta como filha de sua filha, esse pode ser um amor renovado, um reencontro que aprofunda os laços formados durante a vida anterior. Ou pode reviver as dores de velhos ressentimentos e feridas emocionais que permaneceram abertas quando a mãe morreu.

A partir dessas trocas de papéis, a aceitação da verdade da reencarnação de uma criança é capaz de trazer benefícios para os pais e para ela. Conhecer intimamente a personalidade da própria mãe, seus pontos fortes e fracos reaparecendo em uma filha, vai permitir que ela seja mais paciente e compassiva com essa criança, orientando-a para a adoção de novos padrões de comportamento. É uma oportunidade para ela aprender, crescer e evoluir.

Outro benefício é um autoconhecimento mais profundo. Ter uma filha, em geral, pode despertar conflitos emocionais originários do relacionamento com a mãe. Agora, ser mãe de sua própria mãe proporciona uma abençoada segunda chance de enfrentar alguns desses conflitos, ajudando a seguir em frente com a própria vida.

CHATTANNOOGA CHOO CHOO

O caso de Candy Mott é encantador, envolve canto, dança, uma supermãe que morre e volta – com personalidade e talento quase intactos – e que, como a própria neta, jamais para de cantar e dançar. Candy admirava a própria mãe e está feliz por tê-la de volta. A troca de papéis também lhe deu a chance de desenvolver paciência e condescendência, e garantiu à mãe o desejo que expressou ao morrer, de conhecer melhor a filha.

Candy adorava a mãe, Artise, uma contadora que também apresentava um lado artístico e descontraído. Ela não perdia uma chance de cantar e adorava dançar. Ensinava dança onde morava, na Califórnia, e se apresentava regularmente no teatro local. Além disso, Artise era uma mãe muito dedicada.

Quando Candy estava com uns 30 anos, Artise teve câncer de mama e se mudou para a casa da filha. Ela fez o melhor que pôde para cuidar da mãe doente, mas não se sentiu à altura da tarefa, porque também tinha dois filhos pequenos. Um dia, Candy estava tão desgastada que disse à mãe que não conseguiria aguentar aquele ritmo por muito mais tempo. Tentando dar ânimo à filha, Artise a lembrou de que "Deus só nos faz lidar com aquilo que somos capazes de suportar".

Então, Candy lhe fez um pedido: "Por favor, não morra, porque não consigo lidar com isso." A mãe, que acreditava em reencarnação, respondeu de maneira enigmática: "Depois que eu morrer, vou voltar para ver você outra vez." Candy não entendeu bem, mas, como a mãe estava tão fraca, concordou, fazendo apenas um comentário: "Mal posso esperar!" Duas semanas depois, Artise morreu.

No outono de 1985, Candy enfrentava um período de dificuldades. Seu casamento estava desabando e ela vinha se sentindo mal havia um mês. Quando o médico disse que ela não estava doente, e sim grávida, mal pôde acreditar. Depois do nascimento do segundo filho, Candy sofrera um aborto espontâneo e lhe disseram que ela não poderia mais engravidar. Embora os médicos lhe avisassem que uma nova gestação seria arriscada para ela e para a criança, Candy decidiu levar em frente aquele *milagre*. Cinco meses depois, deu à luz Kari, uma menina perfeitamente saudável. Candy jamais esquecerá aquele momento.

> Quando me trouxeram Kari pela primeira vez, meu marido e minha avó (Dolores, a mãe de Artise) estavam comigo. Percebemos na mesma hora: Kari era idêntica a Artise! Os olhos tinham aquele brilho tão característico dos olhos de mamãe. Meu marido disse que era hereditariedade, mas vovó e eu suspeitamos que era mais do que isso. Na época, fiquei imaginando se a previsão de mamãe havia se concretizado.
>
> Antes mesmo de Kari aprender a falar, todos na família viam as semelhanças entre ela e Artise. A partir dos nove meses, Kari ficava sentada no cercadinho cantarolando velhas canções que eu não conseguia identificar. Mas vovó dizia: "Oh, essa é tal música." Então ia para

o piano e tocava a melodia, para delírio de Kari, que cantava e agitava os bracinhos. Vovó ficava estarrecida ao reconhecer as canções que mamãe costumava cantar.

Kari era precoce de outras maneiras também. Com um ano e um mês, já formava frases completas. Ela causou espanto a mim e aos avós ao dizer e fazer coisas típicas da personalidade de Artise.

No início, ver Kari como Artise em miniatura não era mais do que uma diversão em família. Embora todos dissessem brincando que Kari era a reencarnação de Artise, ninguém levava essa ideia a sério. Até que uma série de incidentes que aconteceram quando Kari tinha 2 anos os convenceu de que era mesmo verdade. Candy relata o que aconteceu:

Dolores e eu fomos fazer compras e levamos Kari. Estávamos na estrada e Kari, como sempre, ia cantarolando alegremente no banco de trás. De repente, ela começou a cantar uma antiga canção, *Chattanooga choo choo*, dizendo palavra por palavra! Fiquei tão assustada que não consegui mais dirigir. Parei o carro no acostamento e ficamos ali, à beira da estrada, até que Kari terminasse de cantar todas as estrofes. Vovó estava quase histérica, murmurando: "Meu Deus! Meu Deus!"

Perguntei a minha avó: "O vovô não vivia cantando essa música?" Eu me lembrei dele cantando quando nos levava em seu carro. "Isso mesmo", respondeu minha avó, "era uma das favoritas dele e de Artise." Não havia como Kari ter aprendido a letra. Ela jamais ouvira aquela canção antiga, nem no rádio e nem na televisão. E não aprendeu comigo. Eu mal me lembrava da música e certamente não conhecia toda a letra. Dolores também não. Mas minha filha de 2 anos sabia a letra inteira!

Quando Kari cresceu, Candy e a avó observaram como o temperamento da criança se assemelhava ao de Artise.

Kari é impetuosa, não tem papas na língua e seu temperamento é explosivo, igual ao da minha mãe. Também se parece com Artise quando se trata de roupas e de aparência. Sou do tipo que gosta de jeans e camiseta. Kari, ao contrário, é compulsiva quanto à moda e sempre presta atenção aos mínimos detalhes quando escolhe as roupas, os acessórios e a maquiagem que acha que lhe caem bem. Está sempre brincando de se vestir de mocinha e usa roupas extravagantes e ousadas. Artise adorava os preparativos de suas apresentações no palco – principalmente as roupas e a maquiagem.

Quando levei Kari, aos 4 anos, para sua primeira aula de sapateado, ela parecia saber exatamente o que fazer. A professora levou um susto quando a viu executar os passos mais complicados e logo me perguntou: "Essa menina já teve aulas de sapateado?" Eu sabia que não podia contar toda a verdade, por isso respondi: "Claro que sim, já teve algumas aulas." Mas, por dentro, eu ria e pensava: "É claro que ela sabe dançar. Mamãe era professora de sapateado."

Quando entrevistei Candy pela primeira vez, Kari acabara de entrar na adolescência. Fiquei impressionada com a atitude despreocupada de Candy e a naturalidade com que aceitou a filha como a reencarnação da mãe. Tudo isso parecia normal para ela. No entanto, fiquei curiosa em saber como Kari se sentia. Candy explicou: "Kari tem consciência de quem ela é. Às vezes me pergunta: 'Eu sou mesmo a vovó?' Digo que sim, mas não faço alarde quanto a isso. Quando faz algo exatamente como minha mãe, meu rosto se transforma e ela logo sabe que me causou surpresa." Saber quem é Kari ajudou Candy a ser uma mãe melhor e mais compreensiva – principalmente agora que a filha está entrando na adolescência.

Como eu disse, a mãe de Candy acreditava em reencarnação e, um pouco antes de morrer, insinuou que voltaria. Perguntei a Candy por que, em sua opinião, a mãe desejou retornar tão depressa para a família.

Pouco antes de morrer, mamãe me disse: "Eu sinto muito por não ter conhecido você de verdade. Sempre tive orgulho da minha filha, acho que você é maravilhosa e faz coisas admiráveis, e tenho pena de não ter demonstrado mais meus sentimentos." Ela me disse isso quatro dias antes de morrer!

Respondi: "Esta é uma excelente ocasião para me dizer que sou uma boa pessoa. Por que você esperou todos esses anos para me dizer isso?" Fiquei zangada por ela ter esperado até o último minuto para me dar aprovação e atenção. Por isso, acredito que um dos motivos que a fizeram voltar foi para se reconciliar comigo, para me conhecer melhor. Agora temos muito tempo para dar continuidade ao nosso relacionamento.

SINAIS DE AMOR

O caso seguinte é de uma avó, não de uma mãe, voltando como filha. Mas como Cece era mais próxima da avó do que da mãe, funciona como um caso de troca de papéis de mãe. Cece e sua avó, Oscelia, se tornaram grandes amigas quando a menina, aos 7 anos, ganhou uma irmã e a atenção da mãe se voltou para o bebê. Alguns anos depois, o casamento dos pais de Cece estava se deteriorando e eles se fecharam em seus próprios problemas. Oscelia se tornou a mãe substituta de Cece, passando todas as tardes com ela. A avó lhe dava amor e atenção maternais.

Mas quando Cece entrou na adolescência, Oscelia se mudou para a Flórida. Cece sentia muita falta da avó, que acabou voltando para Massachusetts por algum tempo para tomar conta de Cece enquanto os pais da menina continuavam a batalha do divórcio. A avó era a única amiga de Cece, uma âncora naqueles mares turbulentos. Logo depois de retornar para a Flórida, Oscelia ficou doente. Ela morreu quando a neta tinha 16 anos.

Cece chorou como se tivesse perdido a própria mãe. Estava zangada com a avó por ter morrido e se sentia abandonada quando mais precisava de apoio e carinho. Começou a ter sonhos perturbadores, nos quais a avó estava sempre partindo e deixando-a sozinha. Com o passar do tempo, os sonhos desapareceram e a raiva de Cece foi aplacada. Mas o profundo desejo de estar com a avó continuava sempre com ela.

Os sonhos com a avó reapareceram quando Cece engravidou, em 1973. Nos sonhos, porém, Oscelia não estava se afastando, mas caminhava em sua direção. Cece acordava se sentindo envolvida pela presença tão querida da avó. Durante o sétimo mês de gestação, parou de sonhar. Mais ou menos na mesma época, começou a sentir pela casa o perfume doce, característico de Oscelia. Embora tentasse, não conseguia descobrir uma possível fonte de tais odores. Eles apareciam, fortes e inconfundíveis, e se desvaneciam no minuto seguinte.

Cece começou a se perguntar se a avó estaria retornando como a criança que ela esperava. Esta hipótese a deixou feliz e confusa ao mesmo tempo. Nos livros que havia lido sobre reencarnação, Cece entendera que a alma precisava esperar um longo tempo antes de voltar, e a morte da avó acontecera há não mais do que sete anos. E nada do que ela havia lido dizia ser possível um retorno dentro da mesma família. Pelo que entendia, as únicas opções de renascimento eram remotas e impessoais.

Mas Cece se esqueceu de tudo o que lera nos livros quando carregou nos braços a filha recém-nascida. Ela se sentiu envolvida por sensações de familiaridade.

> Foi algo incrível. No mesmo instante tive outra vez aquela sensação maravilhosa que costumava experimentar na presença de Oscelia. Olhei para o rosto de Dee e pensei: "Queria ter certeza de que você é mesmo a minha avó Oscelia." De repente, minha filhinha abriu os olhos, olhou dentro dos meus e fez a mesma cara que vovó fazia quando brincava comigo. Dali em diante, nunca mais senti saudades de vovó. Por outro lado, jamais pensei em Dee como um outro alguém que não fosse minha filha.

Cece ficou tão completamente absorvida pelas funções de mãe que não pensou mais em Oscelia ou no sentimento arrebatador de familiaridade que havia experimentado quando Dee nasceu. Mas, pouco antes de completar 2 anos, Dee começou a dizer e a fazer coisas que deixaram Cece pensativa.

> Dee tinha cerca de 1 ano e 8 meses, e eu estava grávida do meu filho. Estávamos no supermercado e ela ia sentada no carrinho de compras. De repente ouvi Dee dar gritinhos de prazer enquanto uma senhora falava para ela: "Que menina mais linda." Quando me virei, vi uma alegria imensa estampada no rosto de minha filha, que agitava braços e pernas.
>
> Dee deu mais gritinhos. "Olhe, mamãe. Olhe a minha amiga aqui!" A maneira com que disse isso me causou arrepios e me fez olhar com cuidado para aquela mulher debruçada sobre o carrinho. De repente,

pensei tê-la reconhecido também: "Sra. Berger?" Ela respondeu com um sotaque iídiche que me era familiar: "Isso mesmo. Sou eu!" Não pude acreditar! A Sra. Berger e vovó foram vizinhas durante 35 anos, até minha avó se mudar para a Flórida. Eu não a via desde os meus 6 anos de idade. Foi depois desse incidente que comecei a acreditar que Dee poderia mesmo ser minha avó.

Nos 10 meses seguintes, os reconhecimentos e as memórias da vida passada de Dee se tornaram mais frequentes. Ao mesmo tempo, por mais paradoxal que pareça, ter certeza de que a filha era Oscelia foi ficando cada vez menos importante para Cece. "É difícil explicar, mas sentia que aquelas atitudes e afirmativas tão reveladoras estavam ali como sinais, e não como provas. Por meio deles, Dee estava ratificando o infinito amor de minha avó por mim. Eu simplesmente amava Dee pelo que ela era. Isso era o bastante."

Alguns meses mais tarde, depois do seu segundo aniversário, Dee fez algo que encerrou a discussão para Cece.

Estávamos numa loja de departamentos. Eu havia decidido fazer uma experiência com Dee: levá-la ao salão de chá, no mezanino, um dos lugares onde eu mais gostava de ir com Oscelia. Assim que saímos do elevador, Dee falou com alegria: "Eu gosto deste lugar!" Sentamo--nos e a garçonete, uma senhora de certa idade, se aproximou. Dee exclamou: "Lá vem a Helen!" Quando a garçonete chegou perto o suficiente para que eu pudesse ler seu nome no crachá, vi que Dee estava certa.

"Como você sabia o nome dela?", perguntei. "Eu vinha aqui quando era grande e lembro da Helen", disse ela, sorrindo para a velha amiga. O comentário de Dee deixou a garçonete pouco à vontade – como poderia aquela menina tão pequena reconhecê-la, se ela nunca a tinha visto? Também fiquei um pouco surpresa, mas naquela época já estava acostumada à ideia de que Dee era vovó, e aquela foi apenas a confirmação final.

Nos casos de reencarnação familiar, o reconhecimento de pessoas de fora da família, como aconteceu nos encontros com a Sra. Berger e com Helen, fornece a melhor evidência de que uma criança está realmente se lembrando de uma vida passada. Em muitos casos de Ian Stevenson, as crianças reconhecem espontaneamente pessoas estranhas como membros de suas antigas famílias ou como antigos amigos. Quando o fazem, existe sempre alguma coerência entre a maneira como a criança reage e o tipo do relacionamento anterior. Ao ver um cônjuge ou pai, podem ficar felizes e até chorar. Mas quando se veem diante de seus assassinos, tremem de medo ou juram vingança. Fica claro que nem tudo é esquecido ou perdoado após a morte. O teor do relacionamento tende a permanecer o mesmo.

Da mesma maneira que as crianças se lembram de pessoas de uma vida passada, também se lembram de lugares. Este fenômeno tão comum tem um nome: memórias de lugares significativos. Se uma criança vê pela primeira vez um lugar que conhecia no passado, isso pode despertar sentimentos ressonantes, causando uma reação súbita. Pais e mães ficam surpresos pela forte emoção que parece vir não se sabe de onde. Mas, quando isso acontece, os indícios que ligam o lugar à vida passada não costumam ser difíceis de se descobrir.

Dee reconheceu o salão de chá da loja de departamentos e ficou encantada. Pouco depois, teve outra memória de um lugar significativo, mas esta não foi alegre, e sim traumática.

> Quando Dee tinha 2 anos, eu a estava levando para brincar na casa de alguns amigos, dirigindo por ruas onde ela jamais estivera. Quando paramos num sinal fechado, Dee começou a chorar histericamente. Aquela reação repentina me assustou e perguntei: "O que aconteceu, meu amor?" Ela respondeu em meio a soluços: "Você tem que tomar cuidado aqui. É muito perigoso. É aqui que a gente se machuca."
>
> Essa reação foi muito estranha, e comentei com minha mãe o que havia acontecido, fornecendo os nomes das ruas. Mamãe soube na hora por que aquele lugar era tão importante. Oscelia tivera um grave acidente ali, em 1960, quando eu tinha 9 anos. Um de meus primos

estava no banco da frente com minha avó quando ela, percebendo que o automóvel ia bater num outro veículo, se jogou por cima da criança e recebeu todo o impacto da batida. Meu primo não se feriu, mas Oscelia machucou o braço, o que lhe causou um longo período de sofrimento.

Aparentemente, Dee teve uma pequena catarse naquele dia em que chorou no cruzamento, porque, numa outra vez em que passamos por lá, tudo correu bem. Ela nunca mais mencionou o fato.

Quando ficou mais velha, os reconhecimentos e as memórias do passado de Dee foram desaparecendo. Agora que é adulta, quais são os sentimentos de Cece em relação ao fato de ser mãe de sua própria avó? "Acho maravilhoso que estejamos juntas novamente, na mesma família. Temos um amor profundo que nos ajudou a atravessar alguns momentos difíceis. Nosso relacionamento tem sido muito positivo, e ajudamos muito uma à outra." Perguntei a Cece por que, em sua opinião, a avó voltara para ela. Imediatamente, ela me deu o motivo que ouço com mais frequência: saudade do amor.

OS PECADOS DAS MÃES

Nem todos os relacionamentos de mãe e filha são ternos e afetuosos como nos dois últimos casos. Alguns são incisivamente rancorosos. Na verdade, todos nós gostaríamos de acreditar que a raiva, o ódio e as velhas rixas desaparecem com a morte. Alguns casos de Stevenson trazem evidências de que espíritos errantes podem se modificar, melhorar e se tornar mais amorosos de uma vida para a outra. Mas há também indícios de que maus sentimentos, antigos rancores e problemas específicos permanecem intactos e ressurgem quando o morto renasce como um novo ser.

Esse tipo de remanescente negativo provavelmente acontece com frequência, mas, quando não é reconhecido como um padrão de uma vida anterior, causa total perplexidade nos pais. Eles não compreendem por que seus filhos são distantes ou hostis. E culpam a si mesmos, questionam sua capacidade de educar e ficam imaginando por que aquela criança se relaciona com eles de maneira tão diferente da dos outros filhos. Descobrir a origem dessas atitudes em determinados relacionamentos de vidas passadas e não em erros cometidos pelos pais pode ser um grande passo em direção à resolução do problema.

No caso que se segue, uma mãe agressiva renasce de sua própria filha. Nele está a prova de que um espírito não precisa necessariamente pagar pelos pecados de uma vida sofrendo castigos na seguinte. Parece que o universo é mais bondoso do que imaginamos: a mãe retorna para sua filha para ser perdoada e amada.

Além da troca de papéis, este também é um caso de troca de sexo. O espírito reencarna como um menino que carrega as mesmas tendências agressivas da vida anterior. Quando Sarah Holden finalmente entende quem seu filho fora no passado – sua própria mãe –, consegue perdoar e ajudar aquele espírito a romper um padrão destrutivo.

OS DOIS LADOS DE MARGARETH

Para as pessoas que não a conheciam bem, Margareth era uma mulher forte, criativa e dinâmica, com talento para o design. Mas, para a família, ela era raivosa, dominadora, insuportável. Mandava em todos e fazia críticas ferinas. Nada era bom o bastante para ela. Quando pequena, fora vítima de agressões (físicas, mentais e emocionais) e perpetuara a tradição da crueldade com os quatro filhos.

Sarah, a mais nova, foi prisioneira dos maus-tratos da mãe durante toda a infância. Quando tinha 2 anos, a mãe teve que ficar de cama por causa de um enfisema pulmonar. Sarah se adaptou à situação assumindo o papel de filha perfeita, evitando qualquer situação que pudesse dar motivos para que a mãe a castigasse. Também aprendeu a manter distância – a ficar bem longe do alcance da raivosa Margareth.

No ano que antecedeu sua morte, Margareth se tornou um pouco mais branda, e seu relacionamento com Sarah começou a mudar. Depois de todos aqueles anos de ódio e agressões, iniciaram um relacionamento afetuoso. Conversavam muito e, pela primeira vez, Margareth passou a demonstrar interesse pela vida de Sarah, sem criticá-la a todo instante. Sarah estava noiva e a mãe adorava o futuro genro. Margareth quis ajudar a filha a planejar a festa e desenhar o vestido de noiva, mas morreu em 1990, dois meses antes da cerimônia.

Apesar da ligeira trégua no final, Sarah ficou traumatizada por tantos anos de agressões. Depois da morte da mãe, procurou um terapeuta para ajudá-la a lidar com os problemas da infância. Sarah sabia que, se não trabalhasse seus sentimentos, reproduziria, num processo inconsciente, a tradição de maus-tratos com seus próprios filhos. Ela temia ser como a mãe. Estava decidida a dar aos filhos o amor e a atenção positiva que jamais conhecera. Após dois anos de terapia intensiva, sentiu que conseguira aceitar as circunstâncias difíceis da infância e que era capaz de perdoar a mãe.

No primeiro ano de casada, Sarah deu à luz seu primeiro filho, Kyle. O segundo, Miles, nasceu no final de 1992. No início, Miles era um bebê afetuoso e dócil. Mas, tão logo começou a falar, sua personalidade rixenta aflorou. Ele e Sarah brigavam constantemente e discutiam por tudo. Miles censurava continuamente a mãe, dizendo que tudo o que ela fazia estava errado. Além disso, não aceitava sua autoridade e fazia de tudo para menosprezá-la e feri-la. Miles a fazia se sentir tão mal que havia dias em que Sarah não queria sequer ficar perto do menino. Ela me falou sobre seus sentimentos naquela época.

> Estar com Miles era exatamente como estar com minha mãe. Todos os que a conheciam a chamavam de Abelha Rainha. Ela era uma ditadora. E o mesmo acontecia a Miles. Na escola e em qualquer outro lugar, todos o consideravam um anjo. Quando descrevia a maneira com que ele agia em casa ninguém acreditava. Mamãe era igualzinha: sua aparência exterior era totalmente diferente da maneira como agia conosco. As pessoas diziam: "Nossa, como vocês têm sorte de ter uma mãe como ela!" E nós pensávamos: "Você não tem ideia da pessoa com quem convivemos."

Sarah culpava a si mesma pelo comportamento de Miles. Acreditava que o relacionamento positivo e afetuoso que tinha com Kyle, o filho mais velho, era resultado das mudanças emocionais que obtivera na terapia. Mas e quanto a Miles? Seria algum tipo de sentimento negativo que ainda carregava dentro de si e que, inconscientemente, influenciava o comportamento do filho? Sarah não tinha certeza. Era um mistério.

O interessante é que, após cada um de seus acessos de agressões psicológicas, Miles perguntava à mãe: "Se eu for mau, você ainda vai me amar? Você sempre vai me amar?" Perguntava isso todas as vezes. Sarah não conseguia descobrir se era uma manobra para evitar o castigo ou se ele estava mesmo preocupado, com medo de que ela o rejeitasse.

OBCECADO POR ELEFANTES

Havia uma característica de Miles que também fazia Sarah se lembrar da mãe: a paixão por elefantes. Sempre que iam fazer compras e viam um de pelúcia, de cerâmica ou em quadros, ele gritava até que ela o comprasse. O quarto de Miles era o santuário dos elefantes. Sarah achava isso estranho, porque sua mãe também colecionava objetos que representavam elefantes, espalhando-os pelas prateleiras de seu quarto. Todos sabiam que, se quisessem agradar Margareth, bastava lhe dar um presente que tivesse algo a ver com esse animal. Miles, porém, não sabia de nada disso. Jamais vira a casa de Margareth e muito menos a coleção.

Finalmente um incidente despertou em Sarah o reconhecimento da verdade, e ela percebeu a ligação entre Miles e sua mãe.

> Um dia, quando Miles tinha 4 anos, fomos fazer compras e ele viu a gravura de um elefante. Ele implorou para que eu a comprasse. Repetia sem parar: "Eu preciso!" Eu estava com pressa e disse: "Não, você já tem elefantes suficientes no seu quarto." Mas ele se mostrou mais irredutível do que nunca em relação à gravura. Finalmente, entreguei os pontos e a comprei.
>
> Miles ficou maravilhado com o presente e, assim que chegamos em casa, correu para o quarto e pendurou a gravura na parede, acima da cama. Alguns dias depois, meu pai veio nos visitar. Miles o arrastou depressa para mostrar seu mais novo quadro de elefante. Estava muito orgulhoso. No mesmo instante, papai exclamou: "Meu Deus! Esta é uma gravura de Robert Bateman! Era o artista favorito de sua mãe!" Fiquei pasma.

Sarah começou a enxergar as atitudes de Miles sob um novo prisma. No contexto da reencarnação, o comportamento cruel de Miles passou a fazer sentido, assim como sua obsessão por elefantes e sua pergunta recorrente: "Se eu for mau, você ainda vai me amar? Você sempre vai me amar?" Essas constantes indagações se encaixavam no padrão: se Miles fosse mesmo a mãe de Sarah, talvez a alma dele precisasse ter certeza de que seria amada, apesar do terrível comportamento do passado. Aceitar Miles como a reencarnação de Margareth causou uma mudança completa nos sentimentos de Sarah.

> Por muito tempo, me senti uma péssima mãe por causa da raiva que existia entre mim e Miles. Sempre me culpei pelo nosso relacionamento difícil. Mas agora que aceito a possibilidade de que ele seja minha mãe reencarnada, sei por que age assim. Embora minha mãe tivesse começado a mudar antes de sua morte, nunca superou toda a dor e o sofrimento de sua própria infância e ainda guardava muito rancor.
>
> Não me culpo mais pelo comportamento de Miles nem acredito que a raiva dele seja resultado de algo que eu tenha feito ou deixado de fazer. Diante disso, posso ser mais paciente e ajudá-lo a resolver esse problema em vez de afastá-lo, que é o que eu fazia antes. Analisando sob a ótica da reencarnação, vejo o comportamento de Miles como uma oportunidade de ajudar a alma de minha mãe a quebrar o ciclo de agressões. Acho que é esse o motivo que a fez voltar para mim como meu filho.

Hoje, aos 6 anos, Miles tem um relacionamento de amor e carinho com a mãe. Ela observa com prazer que as boas qualidades de Margareth agora predominam no filho, principalmente sua sensibilidade em relação aos animais e sua habilidade para o design. Por exemplo, Margareth adorava decorar a casa. O programa de televisão favorito de Miles é sobre decoração de interiores. Um dia, ele foi até o quarto, levantou o tapete e explicou: "Mamãe, isso é tábua corrida. Eu posso pintar o meu chão." Sarah achou engraçado: era exatamente o que sua mãe teria feito.

Ela também acha fascinante que a mãe tivesse dois desejos na vida: viver no meio de um bosque e possuir um elefante. Recentemente, a família se mudou para uma casa no campo. A casa tem muitas janelas que dão para um bosque. Miles adora ficar no quintal, onde os esquilos vêm comer na sua mão. No ano passado levaram Miles a um parque temático onde a maior atração é um elefante ainda bebê. Para delírio do tratador do animal, o pequeno elefante, que geralmente é tímido e arredio na presença dos visitantes, correu para perto de Miles. Agora, o menino vive implorando aos pais que o levem de volta ao parque para ver o *seu* elefante. Parece que todos os desejos de Margareth estão se tornando realidade.

CAPÍTULO 6

Escolhendo uma vida

Quando eu era bem pequena, acreditava que quando um bebê nascia uma sábia cegonha o deixava cair pela chaminé da casa da família que o esperava. Quando cresci, minhas noções infantis deram lugar ao reconhecimento do fato científico de que os bebês nascem do útero de suas mães. Já perto dos 9 anos, recebi de presente um livro que descrevia o processo da reprodução, mas ainda deixava sem resposta um mistério: *por que* nascemos em determinada família e não em outra?

Busquei nas minhas noções religiosas de um Deus poderoso e onisciente alguma maneira de preencher o vazio do meu entendimento. Imaginei Deus num paraíso cheio de nuvens, escolhendo pais para bebês que, em fila, esperavam para nascer. Concluí que a família em que nascemos é uma questão de sorte decidida por Deus. Porém, essa explicação me deixava inquieta. Não podia entender por que Deus escolhia oferecer a algumas crianças um bom lar, enquanto outras eram condenadas a morrer na guerra ou de fome. Havia algo faltando nessa minha interpretação.

Muitos anos depois, continuo fascinada pela questão de como nossa próxima vida é decidida. Mas agora ela é uma reflexão séria e vital para o meu trabalho. Passei muito tempo explorando essa ideia e, quanto mais aprendo, mais me convenço de que existem coisas que podemos saber sobre como escolhemos nossa próxima existência. Não se trata de um mistério impenetrável.

A questão da escolha é de importância crucial no estudo da reencarnação familiar. Muitas pessoas presumem que não nos é dada a chance de escolher a nossa próxima existência, e essa crença as impede de aceitar a possibilidade da reencarnação em família. Acham que a distribuição de espíritos se dá de maneira aleatória ou que é, no máximo, um processo regido pelas leis naturais do carma ou pelos caprichos de um ser divino. Assim, se o espírito não tem escolha, a chance de um deles retornar para a mesma família é de uma em milhões.

Mas, em minhas pesquisas, encontrei centenas de casos de retorno na mesma família, o que indica que a reencarnação não é um processo aleatório. Se os espíritos não tivessem escolha, não veríamos nenhum caso desse tipo. Outro sinal desse fato vem das afirmações das próprias crianças. Algumas guardam memórias claras de sua existência "antes de eu ter nascido" e transmitem, com convicção, conceitos diferentes das crenças dos próprios pais no que se refere ao paraíso e à existência antes de nascer.

Em 1979, Helen Wambach, uma experiente terapeuta de vidas passadas, foi a primeira a publicar relatos sobre o estado de intervida (período entre as encarnações). Em seu livro *Vida antes da vida*, descreve sua pesquisa sobre o tempo antes da concepção e do nascimento. Ela criou experimentos nos quais várias pessoas foram simultaneamente hipnotizadas e submetidas ao processo de regressão. Logo em seguida, Wambach pediu-lhes que escrevessem as respostas a uma série de perguntas sobre suas memórias antes do nascimento. Entre elas, "Você escolheu nascer?", "Como se sentiu a respeito de começar sua nova vida?", "Já conhecia sua mãe atual?" e "O que aconteceu após a concepção?". Ela compilou e analisou os dados de 750 regressões para construir um modelo do processo que acontece antes do nascimento.

Na mesma época, o psiquiatra canadense Joel Whitton coletava dados similares a partir dos relatos de seus clientes de terapias de vidas passadas, publicados em 1984 com o título de *Vida transição vida*. Em 1994, o pesquisador e hipnoterapeuta Michael Newton, da Califórnia, publicou *Journey of the Souls* (Jornada das almas), a culminância de 20 anos de testemunhos de seus pacientes. O objetivo por trás de todas as atividades celestiais relatadas pelos três pesquisadores é o mesmo: os espíritos estão concentrados em planejar a próxima reencarnação com base nas lições que aprenderam na anterior.

Baseada nas informações dessas variadas fontes, chego à conclusão de que, embora haja muitas coisas que o nosso cérebro jamais conseguirá compreender, é possível concluir que os espíritos têm algum grau de escolha quanto ao lugar e ao momento em que reencarnar. Quando analisamos os fatores que influenciam a decisão de um espírito, torna-se claro que a opção por continuar um relacionamento dentro da mesma família não só é possível como, algumas vezes, é a escolha mais lógica e natural.

REVISÃO DE VIDA

Para o planejamento de uma nova vida, o primeiro passo do espírito é rever e avaliar sua última encarnação. Algumas pessoas relatam que, com a ajuda de guias, o espírito penetra em algo semelhante a um filme em três dimensões ou uma visão holográfica da vida recém-deixada. Cada momento daquela existência é revivido em detalhes sensoriais completos. O espírito percebe instantaneamente as intenções por trás de cada uma das atitudes e sente com total força emocional os efeitos que elas causaram nas outras pessoas. Essas descobertas podem ser prazerosas, tristes, dolorosas – mas são sempre esclarecedoras.

Por meio desse processo de retrospectiva, o espírito observa e julga suas próprias ações e intenções. Os guias nunca julgam ou condenam. Pelo contrário, eles oferecem todo o seu apoio e podem ajudar abrandando um julgamento por demais severo que um espírito faça de si mesmo, mostrando-lhe seus sucessos e suas falhas no contexto mais amplo de seu desempenho em várias encarnações.

Existe uma clara inteligência moral por trás desse processo de revisão de vida. Mas o alto padrão moral não é imposto pelo julgamento dos guias ou de qualquer outra autoridade externa. Ele é autoimposto. O espírito emprega o seu senso inato de certo e errado para avaliar seu desempenho passado.

A incorporação de um padrão moral parece ser a força motriz por trás da reencarnação, uma vez que o espírito luta para se tornar um ser verdadeiramente amoroso e compassivo. Exercitando sua livre escolha, percorre longos caminhos em direção ao seu objetivo numa existência, tropeça e cai de cara no chão numa outra, machucando a si mesmo e aos outros.

A beleza desse processo é que ele é autocorretivo. Cada encarnação nos oferece a oportunidade de melhorar nossos erros, *por mais cruéis que tenham sido*, em vez de sermos eternamente condenados por eles. E também nos confere infinitas oportunidades de compreender o que quer que precisemos aprender sobre a condição humana. Por isso, o objetivo da revisão de vida e do processo de planejamento é escolher uma encarnação com a medida certa de desafios e oportunidades de aprendizagem e desenvolvimento.

A primeira decisão é se iremos ou não reencarnar. Não está determinado que todos os espíritos precisam voltar à Terra, pelo menos não imediatamente. Na amostra de 750 clientes de Helen Wambach, 81% disseram se lembrar de escolher entre nascer ou permanecer desencarnado. Embora escolhessem voltar, quase todos encararam com relutância a vida que se aproximava. Viram-na mais como um dever, algo desagradável que tinham que fazer para alcançar o desenvolvimento espiritual. Não é difícil imaginar a relutância do espírito em deixar um lugar de amor incondicional para retornar a um mundo imperfeito onde há lutas e dor. Mas o desejo de iluminação, o anseio por unir-se a Deus, é mais forte do que qualquer sofrimento na Terra.

Após a revisão, se o espírito for capaz de compreender suas próprias necessidades e objetivos e se tomar a decisão de voltar à Terra, estará pronto para começar o estágio de planejamento de sua próxima encarnação. É hora de escolher uma vida.

Todos os estudos de regressão demonstram que o processo de planejamento é feito em colaboração com os guias espirituais. São eles que apresentam ao espírito as opções para sua próxima vida. Suas atitudes anteriores, ou carma, determinam os parâmetros e limites das opções. Com base em seu desempenho passado, o espírito recebe um cardápio de vidas que poderão lhe ensinar as lições que precisa aprender. Ele não tem uma escolha ilimitada. Se fosse esse o caso, por que alguém escolheria uma vida de tragédias e sofrimentos?

Mesmo com o carma limitando as opções, o espírito ainda pode escolher entre um número enorme de vidas. Esta escolha é muito complexa: a decisão deve considerar não apenas as suas necessidades, mas coordená-las com os planos e as necessidades dos espíritos com os quais espera se unir – principalmente os pais. Embora seja impossível para os limites da nossa compreensão ter uma ideia de todas as variáveis que fazem parte da decisão de encarnar, podemos falar sobre as mais óbvias.

Em primeiro lugar é preciso considerar o corpo físico. Os estudos de casos sugerem que os atributos físicos fazem parte do pacote que o espírito seleciona para alcançar o que precisa aprender em sua próxima existência. Escolher um corpo com alguma incapacidade, por exemplo, pode acelerar o desenvolvimento da alma pelo fato de lhe dar a oportunidade de aprender a vencer obstáculos ou de se concentrar no desenvolvimento intelectual. Já um belo corpo pode trazer lições sobre vaidade e aparência. A escolha envolve o equilíbrio entre o desejo de estar com certos pais, que têm um pacote genético específico, e a necessidade de ter determinadas características físicas. Talvez o espírito possa influenciar o corpo que se forma, apesar das características genéticas, como sugerem os casos de marcas e defeitos de nascença.

Os relacionamentos são vitais para o nosso aprendizado e crescimento espiritual. Assim, planejar a reunião com certas almas na vida que se aproxima é de importância crucial. Todos os estudos apontam para o fato de que reencarnamos com quem tivemos alguma proximidade em outras vidas. Para aprender a perdoar, podemos escolher voltar para alguém que nos feriu. Ou vice-versa: podemos voltar para alguém a quem tenhamos ferido para poder reparar nossos erros e pagar uma dívida cármica.

Graças à importância dos relacionamentos e à intensidade das relações familiares, é claro que o espírito tem inúmeras razões para retornar à família que acabou de deixar. Acredito ser por este motivo que a reencarnação familiar seja tão comum. A escolha dos pais é a decisão mais crítica do processo de planejamento porque ela determina o cenário da existência que está por vir. Não é de estranhar que crianças pequenas pareçam se lembrar de ter escolhido seus pais mais do que qualquer outro aspecto de seu período antes de nascer. Elas geralmente dizem aos pais por que os escolheram, afirmando que foi por decisão própria ou que foram orientadas por seus guias.

ESCOLHENDO OS PAIS

É comum o relato de crianças contando sobre quanto ficaram empolgadas quando escolheram seus pais. Porém, muitos pais perdem a oportunidade de aprender por que foram escolhidos quando não levam a sério as afirmativas dos filhos, considerando-as fruto da imaginação ou apenas mais uma das gracinhas que as crianças dizem.

Os pais de Jessa, entretanto, não podiam ignorar suas afirmações. Ela falava constantemente sobre a esfera espiritual.

> Não somos uma família religiosa, mas desde os 2 anos Jessa nos conta histórias sobre Deus. Ela disse que, antes de nascer, nos escolheu como pais porque precisávamos de alguém como ela em nossas vidas! Jessa afirmou que, antes de ser filha de Deus, teve outros pais, Michael e Susan, que morreram num incêndio. Então, descreveu uma pequena casa de madeira. Ela fala sem parar sobre a morte e por que não precisamos temê-la. E nos diz para não ficarmos tristes com o recente falecimento de seus avós, porque eles estão num lugar lindo e sereno.

A história que se segue é a lembrança pura de uma alma arrependida que agora está no corpo de uma criança de 3 anos. É um exemplo pungente de alguém que voltou para reparar o mal que causou anos atrás. Numa conversa telefônica, sua mãe, Carrie, me descreveu o que aconteceu:

Eu estava lendo quando Amanda chegou e, de repente, disse: "Mamãe, você se lembra de muito, muito tempo atrás, antes de você nascer?" Respondi que não, deixando o livro de lado para dar a Amanda toda a minha atenção. Com a voz séria, ela me informou, da maneira mais casual possível: "Eu matei você!"

Sem demonstrar surpresa ou descrença, perguntei por que ela havia feito isso e ela respondeu: "Eu estava com muita raiva de você." O rosto de Amanda tinha uma expressão triste. Ela se aproximou e se encolheu no sofá, perto de mim. Pedi que me contasse como me matou. "Com uma espingarda." Eu não esperava uma coisa dessas! Fiquei curiosa em saber como ela se sentia sobre tudo isso e perguntei: "Bem, se foi isso que aconteceu, o que nós estamos fazendo agora?" A resposta de Amanda me fez gelar: "Mamãe, eu fiquei tão triste por você. Queria ser sua amiga de novo. Nunca mais vou fazer isso. Eu só quero ser da sua família agora." Atualmente temos um ótimo relacionamento. Mas eu me lembro das várias vezes em que, sem nenhuma razão aparente, Amanda dizia: "Estou muito triste por você. Deixa eu segurar sua mão." Depois de ela ter dito que me matou numa vida anterior, tudo faz sentido. Acho que ela vem tentando reparar seu erro e me compensar pelo que fez.

Lembro-me de que no seu livro você disse que os pais podem ajudar uma criança a elaborar as memórias de sua vida anterior. Então, algumas noites depois, quando conversávamos antes da hora de dormir, eu disse da maneira mais casual possível: "Amanda, você se lembra de alguma coisa antes do *meu* nascimento?" Ela respondeu: "Lembro, mas não quero falar sobre isso. Eu era um homem muito mau. E fico muito triste." Procurei tranquilizá-la: "Amanda, se isso deixa você triste, tudo bem. Só quero que entenda que eu a perdoo por qualquer coisa que tenha acontecido e que agora estamos numa outra vida. Eu a amo muito e você é minha filha." Ela me abraçou e disse: "Mamãe, eu amo você demais." Essa foi a última vez que Amanda afirmou se sentir triste por mim.

JURO SEM CRUZAR OS DEDOS

Uma amiga me contou essa história sobre sua filha e sua sobrinha – primas e amigas inseparáveis. Ela nos mostra a força da influência dos guias na determinação da data e do lugar para o retorno da alma.

Estávamos passando as férias em nossa casa de praia que sempre dividíamos com a família de meu irmão. Rebecca, a babá, chegou da praia balançando a cabeça e dizendo: "Essas meninas vivem no mundo da lua! Vocês precisam ouvir as histórias que elas inventam. Mas como elas me fizeram jurar segredo, não posso contar nada a vocês!"

Rebecca estava falando sobre minha sobrinha de 7 anos, Sarah, e minha filha, Charlotte, um ano mais nova. Embora só se vissem duas ou três vezes por ano, eram muito unidas. Na verdade, pareciam mais irmãs do que primas, e eram tão sintonizadas que a comunicação verbal entre elas, com frequência, era reduzida ao mínimo.

Curiosa para saber da nova história, fui até a praia. Encontrei as duas vestidas exatamente iguais, com lindos vestidos, fitas de cabelo cor-de-rosa e tênis azuis. Estavam rindo de alguma coisa. Interrompi: "Rebecca disse que vocês estão inventando umas histórias muito interessantes. Talvez queiram me contar alguma."

Quando ouviram meu pedido, as duas meninas gelaram. Entreolharam-se e, após um longo minuto de silêncio, Charlotte falou: "Mamãe, isso é uma coisa muito difícil de dizer. Não sei se vou saber explicar. Bem, só eu e Sarah, e agora Rebecca, sabemos disso. Por isso você tem que prometer que não vai contar a ninguém." Levantei as mãos e jurei segredo absoluto.

Satisfeita com nosso pacto, Charlotte começou: "Não fique aborrecida, mamãe, porque é uma história esquisita. Quando partimos para esta vida, Sarah e eu devíamos ter vindo juntas. Nós éramos gêmeas e tínhamos que estar na barriga de Tricia (minha cunhada). Mas, um pouco antes da partida, aquela pessoa me segurou. Você se lembra, Sarah? Lembra-se do que ela me disse?"

Com uma expressão séria, Sarah concordou: "Ela disse que você não podia vir. Que ainda não estava na sua hora, mas que ia dar um jeito para nós ficarmos sempre juntas. Disse que você ia ter que esperar, o que a deixou muito aborrecida. Mas olha só! Estamos aqui! Ela cumpriu a promessa!" As meninas se abraçaram enquanto eu refletia sobre aquela história espantosa. Eu sabia o suficiente sobre reencarnação – e sobre aquele incrível vínculo entre elas – para aceitar a veracidade do relato que acabara de ouvir.

Após atravessarmos todo o processo de planejamento e escolhermos nossas vidas, por que poucos de nós se lembram desses momentos, como o que foi narrado pelas primas? Essa amnésia tem um importante objetivo. Segundo Joel Whitton, permite à pessoa embarcar na nova vida sem os impedimentos de ecos confusos de boas e más atitudes do passado. Ele explica que em almas que experimentaram a luz, a amnésia também evita anseios e saudades devido a tudo o que foi deixado para trás.

Algumas vezes, porém, a amnésia não é total, e algumas memórias do mundo espiritual permanecem. Na história que se segue, um menino de 4 anos se lembrou de um momento crucial do processo de planejamento de sua vida e contou ao pai. Muitos anos depois, a informação ajudou esse pai a lidar com a dor de uma tragédia inimaginável.

LEMBRANDO-SE DO PLANO

David Schultz era um lutador aclamado internacionalmente. Vencera o campeonato norte-americano quatro vezes e ganhara medalha de ouro nas Olimpíadas de 1984. Por causa de seu amor pelo esporte e de seu entusiasmo pela vida, era considerado o embaixador da amizade pelas pessoas que o conheciam por todo o mundo. Mesmo os seus oponentes, principalmente os russos, o consideravam um grande amigo.

No dia 26 de janeiro de 1996, David foi assassinado. Centenas de pessoas assistiram ao seu enterro. O pai do lutador, Philip, contou essa história em seu discurso de louvor ao filho. Todas as pessoas na sala ouviram em silêncio o relato de Philip, e uma onda de emoção varreu a plateia. Philip escreveu a história completa para que eu pudesse compartilhá-la com você neste livro:

Quando minha nora me ligou para dizer que David estava morto, não pude conter meu choque e minha descrença, perguntando em soluços: "Por quê?" Na minha angústia, eu continuava a repetir a mesma pergunta. Tudo o que eu sabia era que tinha perdido meu filho, a alma mais preciosa que jamais conhecera.

Em meio a toda aquela dor, de repente me lembrei de uma história que David me contara quando tinha apenas 4 anos. Na época em que ele compartilhou comigo essa visão especial, eu me senti totalmente envolvido por suas palavras e fiquei admirado pela maneira detalhada e madura com que me fez seu relato.

Jamais me esqueci daquele momento. E agora essa história traz enorme consolo para mim, para a família de David e para sua multidão de amigos. Estou convencido de que é absolutamente verdadeira e que eu estava destinado a ouvi-la, lembrar-me dela e contá-la hoje.

Há 32 anos, David e eu caminhávamos de mãos dadas por um arvoredo próximo à nossa casa. Lembro-me do infinito prazer que senti naquele momento que passávamos juntos. David tropeçava a todo instante, mas, destemido, continuava a caminhar.

Depois do segundo tropeço, ele segurou minha mão com mais força. Então parou e, com os olhos bem abertos de admiração e prazer, disse: "Tenho um segredo muito, muito grande para te contar. Mas você tem que prometer que não vai contar a ninguém." Prometi e ele continuou: "E você não pode rir de mim." Eu disse que nunca riria dele. Então, David ficou sério e continuou: "Porque isso aconteceu antes que eu nascesse e aconteceu lá no céu, lá em cima, nas nuvens."

Minha boca estava aberta em total surpresa e expectativa. Perguntei: "E então, filhinho, o que aconteceu?" David falou: "Bem, você sabe, estavam aqueles 12 homens." Interrompi, incrédulo: "Doze homens? Você contou?" Parecendo mais velho do que seus 4 anos, e com os olhos brilhando de alegria, continuou: "Isso mesmo, 12. Eu contei. Estavam numa roda, como se estivessem sentados em volta de uma nuvem ou de uma mesa. Vi que tinham rostos, mas não tinham corpo. Um deles disse que eu tinha que descer aqui, bem aqui embaixo. Tinha que vir para ser testado."

Perplexo, disse a meu filho que aquela história era muito interessante. E perguntei: "Você vai passar no teste?" David parou de apertar minha mão e deu um sorriso de satisfação: "Vou, sim!" Fiquei aliviado com a resposta. Caminhamos um pouco mais em silêncio. Então, ele parou e olhou para mim, radiante: "Mas eu não vou ficar aqui por muito tempo." Nesse instante, David soltou minha mão e saiu para brincar, me deixando sozinho, refletindo sobre aquela extraordinária parábola. Nunca mencionei o assunto, como havia prometido. Até agora.

Não é preciso dizer que essa história me trouxe paz e deu sentido à terrível tragédia que acabávamos de viver. E eu me senti invadido por uma enorme onda de ternura, amor e admiração por meu filho.

CAPÍTULO 7

FAZENDO A MEIA-VOLTA NO ÚTERO

Todos sabemos como é planejar fazer algo e depois ser forçado a abandonar esses planos porque as circunstâncias mudam ou porque nós mudamos de ideia. Surpreendentemente, parece que isso também pode acontecer aos espíritos que planejam seu renascimento. Algumas vezes, fazem uma rápida mudança de planos e dão meia-volta no útero. Isso pode acontecer a qualquer momento durante os nove meses de gestação. Parece que os planos para a vida que se aproxima não são fixos ou irrevogáveis, mesmo que tenham sido feitos com todo o cuidado no período entre duas vidas.

Na perspectiva dos seres encarnados, essas mudanças de planos têm outras denominações: os médicos as chamam de *aborto espontâneo* e *parto de natimorto*. Quem nunca passou por essa experiência não pode compreender a dor profunda que os pais sentem diante dessa perda inexplicável. Para piorar, apesar de todas as explicações médicas, inevitavelmente se culpam em algum momento, imaginando o que fizeram de errado.

Mas, se analisarmos o aborto espontâneo ou o parto de natimorto do ponto de vista do espírito, nossas ideias virarão do avesso. Sob esse novo prisma, a decisão de não nascer num determinado momento é apenas um desvio, um zigue-zague na contínua jornada pela eternidade das existências. Os espíritos decidem inverter o curso por inúmeras razões: para mudar de sexo ou de ordem de nascimento, para esperar por um corpo mais apropriado aos seus propósitos, para aguardar até que as circunstâncias que envolvem os pais melhorem, ou para reajustar o tempo certo de um encontro predestinado com um outro espírito que já está na Terra ou que ainda irá encarnar. Essa mudança também pode ocorrer quando o feto apresenta algum defeito, ou seja, motivada por um fator biológico.

Qualquer que seja o motivo, está claro que em alguns casos os espíritos esperam por uma outra oportunidade de retornar para a mesma família. Como sabemos disso? É que algumas crianças se lembram de todo o processo. Então, um dia, no meio de uma conversa casual, descrevem outras tentativas de nascer de sua própria mãe ou de outra mulher da família. Os pais ficam sempre surpresos quando as afirmações da criança correspondem exatamente a uma gravidez perdida sobre a qual todos evitavam falar. Porém, depois de absorver a verdade do que seus filhos estão dizendo, o choque se transforma em alegria e alívio quando se dão conta de que o bebê que morreu no útero anos antes não está perdido para sempre.

Analisar esses acontecimentos do ponto de vista espiritual faz com que seja mais fácil para a família aceitar a perda de um feto como a escolha do espírito de não vir naquele momento – uma escolha que independe de qualquer coisa que os pais fizeram ou deixaram de fazer. Essa visão traz consolo aos pais e aplaca seu sentimento de culpa.

UMA MUDANÇA DE PLANOS

O primeiro caso de aborto espontâneo que estudei foi relatado durante um seminário que presidi, há alguns anos, e chamou minha atenção. Eu nunca havia percebido quanto a cura pode ser profunda quando se sabe que o bebê morto está de volta à família. Fiquei fascinada quando Carolene Heat contou sua história.

Brittany é minha neta. Quando tinha 3 anos, ela telefonou para minha casa e deixou uma mensagem na secretária eletrônica: "Venha, vovó! Eu e mamãe brigamos." Liguei para Karen, minha filha, e perguntei: "O que houve? Brittany ligou e deixou um recado na secretária." Karen disse: "Tem certeza? Ela não sabe discar." Então, toquei a mensagem para que minha filha ouvisse. Karen riu sem poder acreditar e depois me disse para ir à sua casa imediatamente.

Assim que cheguei, perguntei a Brittany o que havia acontecido. Ela subiu no meu colo e choramingou: "Mamãe não lembra de quando eu estava na sua barriga, vovó." Dirigindo-se a mim, Karen falou: "Já tentei explicar a Brittany que eu sou sua filha e ela é minha filha e que cresceu na minha barriga, e não na sua."

Brittany ouviu com paciência a explicação da mãe e, então, declarou: "Não, antes disso eu estava na barriga da vovó com você, mamãe. Eu não fiquei porque não queria ser um menino." Meu corpo se arrepiou todo. Karen saiu correndo do quarto, chorando. Nós duas sabíamos que, quando eu estava grávida, Karen tinha um irmão gêmeo que morreu em meu útero, aos sete meses de gravidez.

Alguns minutos depois, minha filha voltou, ainda enxugando as lágrimas. Abraçou Brittany e em seguida me abraçou, dizendo: "Isso é tão maravilhoso. Não posso acreditar. Depois de todos esses anos, reencontrei meu irmão gêmeo."

AMIGOS QUE VOAM

Aqui está uma outra história de mudança de planos que ocorreu quase na metade da gravidez. Essa criança se lembrou de quando concluiu seu primeiro plano de nascimento. É interessante notar que ela estava consciente do efeito de sua decisão quando fez a primeira escolha de pais. A história dessa menina mostra que o espírito que está por vir não é insensível aos efeitos emocionais que sua decisão provoca nas outras pessoas. Sua mãe, Naomi, nos conta o que aconteceu.

Assim que aprendeu a falar, Sarah me disse que sentia saudades dos seus "amigos que voam". Quando ficou mais velha, sempre que se referia a esses amigos, seu rosto assumia um ar sonhador ao descrever como voava para toda parte com eles antes de nascer. Ela estava preocupada porque não sabia mais voar.

Um dia, aos 3 anos, Sarah me encarou e disse, com uma expressão séria: "Estou tão feliz porque Jesus me ajudou a escolher você e o papai." Levei um susto e acabei por perguntar: "O quê?" Sarah prosseguiu: "Eu sentei no colo dele e nós vimos você e papai e mais duas pessoas, e eu disse que queria você e o papai. A gente riu e foi brincar." Ela acrescentou: "Era para eu ser menino, mas mudei de ideia e quis ser menina." Muitos meses depois disso, Sarah continuava a falar sobre quanto sentia saudades do *céu*, de Deus, de Jesus e de "seus amigos que voam".

Os pais de Sarah, que não acreditavam em reencarnação, ficaram perplexos com essa obsessão da filha. Naomi se perguntava se a observação de Sarah quanto a ter feito uma primeira opção de ser menino poderia explicar por que ela não gostava de vestidos e fitas. Sarah sempre dizia aos pais que meninas eram bobas. Gostava de usar o cabelo bem curto e sempre pedia brinquedos típicos de menino.

Aos 4 anos, seus pais decidiram se mudar da Flórida para Atlanta. De repente, Sarah ficou muito aborrecida por ter que deixar os avós, que moravam por perto. Mas não se sentia triste por não poder visitá-los. Estava profundamente preocupada com os sentimentos de seus avós quando ela partisse. Repetia várias vezes para a mãe: "Eles vão pensar que eu morri." Naomi fez o possível para acalmar Sarah, lembrando que, depois da mudança, ela continuaria a ver os avós com frequência. Mas a menina disse algo que mudou a ideia de todos quanto às intrigantes afirmações que fazia. Naomi continua o seu relato.

Uma noite, meu marido, Orin, estava colocando Sarah na cama enquanto eu lia no quarto ao lado. Pude ouvir a conversa dos dois: "Papai, como Deus e Jesus fazem os bebês?" Deixei o livro de lado e comecei a prestar atenção. Sorri ao ouvir Orin gaguejar: "Bem, as mamães e os papais fazem o bebê e Deus manda uma alma lá do céu."

Sarah fez uma pausa e suspirou. Orin perguntou: "Você está pensando em quando estava com Deus e com Jesus e nos escolheu para sermos seus pais?" Ela disse: "Não, eu não escolhi vocês primeiro como pais. Escolhi os seus pais para serem meu papai e minha mamãe." Orin a corrigiu, dizendo que ela os havia escolhido para serem seus avós. "Não, papai, quando eles eram mais novos, eu ia ser o filhinho deles antes de você nascer."

Orin perguntou: "Você não acha que eles são um pouco velhos para serem seus pais?" Ela suspirou outra vez, impaciente. "Não, papai, quando eles eram mais novos eu ia ser o filhinho deles antes de você chegar. Mas eu desisti e fui embora." Vendo a expressão de perplexidade no rosto do pai, Sarah logo disse: "Mas não tem problema. Eu amo vocês dois também. Está tudo bem para mim." Orin ficou em silêncio, incapaz de dizer uma única palavra. Da mesma maneira repentina com que começou a falar, Sarah mudou de assunto, comentando a alegria de ir à praia no dia seguinte.

Eu e meu marido fomos para a sala, e perguntei a ele se sua mãe já havia sofrido um aborto. Orin disse não saber de nada. Pegou o telefone e ligou para Greg, seu irmão oito anos mais velho. "Mamãe alguma vez sofreu um aborto?", perguntou. No longo silêncio que se seguiu, vi Orin empalidecer. Desligou o telefone e me contou: "Mamãe sofreu um aborto espontâneo antes do meu nascimento. A criança morreu e era um menino, exatamente como Sarah disse."

Visivelmente perturbado, prosseguiu: "Eu nunca soube disso. Ninguém jamais mencionou esse fato. Greg só sabia porque um dia, quando era pequeno, ouviu acidentalmente mamãe chorar ao telefone, contando a uma amiga sobre a perda do bebê." Nós nos olhamos sem saber o que dizer. Se Sarah estava certa quanto a isso, talvez as outras afirmações sobre os amigos voadores e sobre nos escolher como pais fossem memórias reais e não fruto da imaginação infantil, como havíamos pensado.

Hoje Sarah tem 5 anos e aparentemente esqueceu o fato de quase ter sido um menino. Segundo Naomi, ela finalmente está adotando "modos de menina". Começou a brincar de bonecas e pediu uma Barbie de presente de aniversário. E está deixando o cabelo crescer para usar rabo de cavalo.

O que acontece quando dois espíritos que planejaram viajar juntos exercem o livre-arbítrio e decidem vetar o plano na encarnação seguinte? Como quaisquer outros companheiros de viagem que não concordam sobre o itinerário a seguir, as almas têm desavenças. A próxima história é um exemplo disso. Ela foi condensada do diário que Jodie, mãe de Sam e Peyton, manteve enquanto os fatos iam acontecendo.

A primeira palavra que Sam disse foi "primos". Anotei esse fato estranho em seu livro de bebê. Agora que conheço toda a história, compreendo por que essa palavra significava tanto para ele. Desde muito cedo, Sam tinha verdadeira obsessão pelos primos. Na primeira vez que saímos de Sacramento para visitá-los em São Francisco, antes que Sam aprendesse a falar, ele ficou visivelmente animado e feliz por estar com os quatro primos e com os tios, Molly e David. Essa contínua obsessão, porém, não fazia muito sentido, porque os primos eram muito mais velhos do que ele – de 6 a 12 anos – e não os visitávamos mais do que duas vezes por ano. Mas cada visita era um acontecimento importante para Sam. Ele amava estar com aquela família.

David é irmão de meu marido, Michael. Na primeira vez que os visitamos, percebi que no quarto do casal havia sempre uma vela acesa para os gêmeos que Molly perdera ainda na gravidez. Michael me avisou para não tocar no assunto, porque ninguém costumava mencioná-lo por ser muito doloroso para os pais. Molly os perdera já no final da gestação. Teriam sido o segundo e o terceiro filhos do casal, depois de Kevin. As outras três crianças eram meninas.

Embora não conhecesse Molly muito bem, pedi a ela que ficasse comigo quando Sam nasceu. Naquela época, nem sabia por que havia feito tal pedido – eu tinha outros parentes mais próximos. Quando lhe disse qual seria a data, 19 de outubro, Molly respondeu: "Meu Deus, foi nesse dia que perdi meus gêmeos." Ela fez de tudo para estar presente quando Sam nasceu, em 1994, e novamente quando Peyton nasceu, em 1996.

Desde que percebeu que o automóvel era o veículo que o levaria à casa dos primos, toda vez que entrávamos no carro Sam gritava: "Primos!

Primos!" Eu tinha que contar a ele que estávamos apenas indo a uma loja, à biblioteca ou ao parque. E ele ficava furioso! A situação se tornou tão difícil que eu evitava usar o carro sempre que podia ir a pé. Todas as vezes que entrávamos no carro, Sam fazia um escarcéu porque queria estar com os primos. Quando pretendíamos viajar para a casa de David e Molly, só contávamos a Sam no último instante – se ele soubesse, acampava na porta da frente dias antes e tudo o que ouvíamos era: "Primos, primos!"

Aos 2 anos, Sam também fez observações estranhas. Ele me perguntava por que não podia morar com os primos. Dizia: "Se soubessem quanto eu queria morar na casa deles, deixariam eu ir." E geralmente se zangava comigo: "Por que você não faz isso como a tia Molly faz?" Se eu escrevesse uma lista com todas as coisas que ele queria que eu fizesse como a tia Molly, ela teria um quilômetro de comprimento.

Uma vez, Sam perguntou: "Mamãe, quando vou poder morar com os primos na casa grande perto da água, com escadas grandes?" Eu lhe expliquei que os primos agora moravam numa casa grande com escadas enormes. Ele respondia: "Não é essa casa. É a outra. Com as escadas que não tinham tapete." Eu não fazia ideia do que ele estava falando. "Você não pode morar com seus primos, Sam. Você mora aqui." Sam chorava, insistindo para que eu o deixasse ir.

Sam era uma criança cheia de energia e se aborrecia com facilidade. Quando tínhamos nossos desentendimentos por causa dos primos ou da maneira como a tia Molly agia, ele fazia um verdadeiro escândalo. Esse estranho comportamento me deixava perplexa. Quando penso nisso hoje, acho que eu mesma piorava a situação, porque mandava que ele parasse de falar sobre o assunto, dizia que não queria mais ouvir e que não, nós não iríamos para a casa dos primos!

À medida que foi ficando mais velho, Sam começou a teimar que a família de Molly era a sua verdadeira família. Eu tinha que repetir que não era. Isso durou uns dois anos. Cerca de seis meses atrás, quando ele tinha 4 anos, a situação começou a piorar. Esses episódios geralmente aconteciam no carro ou quando o colocávamos para dormir, mas dessa vez explodiu quando eu estava lendo na cozinha. Sam entrou de repente, muito zangado, com as mãos na cintura, e perguntou: "Por que Kevin não é meu irmão mais velho?"

Tentei manter a calma. Expliquei a ele que Kevin era seu primo, não seu irmão. Peyton era seu irmão. Mas Sam não aceitava esse fato: "Por que você está me prendendo aqui? Eu quero ir para perto do Kevin agora mesmo. Por que você nunca ouve o que eu falo, mamãe?" Respondi: "Você tem que ficar aqui porque é aqui que você mora. Nós somos a sua família. Peyton é seu irmão, Kevin é seu primo e ninguém pode mudar isso." Sam saiu correndo da cozinha, chorando e reclamando: "Eu quero ficar com eles. Por que tem que ser assim?"

Algumas semanas depois, Sam perguntou: "Mamãe, você se lembra de quando eu estava na sua barriga?" Eu disse que sim e ele perguntou: "Você se lembra de quando Peyton estava na sua barriga?" Mais uma vez, concordei. E Sam prosseguiu: "Você se lembra de quando eu e Peyton estávamos na sua barriga ao mesmo tempo?" Expliquei: "Não, não foi assim que aconteceu. Você estava na minha barriga primeiro e então você nasceu. Depois, Peyton ficou na minha barriga e nasceu."

A expressão do rosto de Sam se tornou pensativa. Então, começou a rir, aliviado: "Agora eu me lembro. Você está enganada, mamãe! Nós estávamos juntos na barriga da tia Molly e não nascemos!" Senti como se tivesse levado um soco no estômago. Entendi imediatamente o que ele estava dizendo. Sam e Peyton eram os gêmeos que Molly perdera dez anos antes de meus filhos nascerem. Tudo começou a fazer sentido. Mas, antes que eu me recuperasse da surpresa, Sam ficou muito zangado e começou a gritar comigo: "Por que nós não nascemos, mamãe? Por que nós não nascemos?"

De repente, sem que eu me desse conta, ele pegou o irmão e gritou: "É tudo culpa sua! Eu disse para você que eu queria muito nascer, mas você não quis! Quero saber como você me tirou de lá!" Corri até Sam e o agarrei. Ele estava tão furioso que tive medo de que machucasse Peyton. Mandei que parasse e disse que aquela conversa era uma maluquice e que ele não sabia o que estava falando.

Sam parou, virou de frente para mim e me corrigiu, afirmando que sabia perfeitamente o que estava falando. Mais uma vez, gritou para Peyton: "Como você fez isso?" Ao contrário de Sam, Peyton é uma criança muito tranquila que quase nunca se aborrece. Mas naquele momento tirou a chupeta da boca e seu rosto ficou zangado como eu nunca vira. Ele gritou para Sam: "Eu queria o papai!" Sam retrucou: "Eu não queria o papai, queria o tio David!"

Fiquei chocada e gritei: "Sam!" Meu grito o assustou e o fez voltar à razão. Ele parou de tentar atacar Peyton e seu rosto se tornou triste. "Desculpe, mamãe. Eu não quis dizer isso. Amo o papai, mas queria o tio David também." Sem saber o que dizer, arrisquei: "Ninguém aqui veio para ficar comigo?" Minhas palavras tocaram Sam. Ele se aproximou, se aconchegou no meu colo e falou: "Mamãe, você é a melhor mãe do mundo. Eu te amo."

De repente, Sam disse: "Eu tenho que descobrir isso." Começou então a contar nos dedos. "Primeiro, eu estava na barriga da tia Molly e não nasci. Depois, tentei voltar para a barriga da tia Molly, mas Sophie (a filha mais nova de Molly) já estava lá. Então, tentei chutar ela para fora. Depois, cheguei na sua barriga e nasci." Fez uma pausa e disse, com toda a seriedade: "Tive um trabalhão para chegar aqui, mamãe!"

Eu não sabia o que dizer. Sam perguntou, triunfante: "Agora posso ir morar com meus primos?" Isso tudo foi demais para mim. Sugeri que fôssemos beber um copo d'água. Quando descemos as escadas, Sam me deu a mão e perguntou: "O Peyton sempre tem que me seguir toda vez que vou nascer?" Respondi que não sabia e que ele devia se lembrar melhor do que eu.

Sam subiu de novo as escadas e foi falar com o irmão. Curiosa, corri atrás para ver qual seria a reação de Peyton. Sam contou ao irmão algo que acabara de lembrar. Para minha surpresa, Peyton pareceu entender perfeitamente. Sentei ali e fiquei pensando: "Esses dois estão falando coisas que aconteceram muito antes de nascerem, num mundo completamente desconhecido para mim. E estão agindo como se isso fosse *normal.*" Era tudo muito estranho.

TROCANDO DE BARRIGAS

Jodie revelou que, embora Sam fale mais do que o irmão, Peyton também demonstra ter lembranças. Ela lembra do que aconteceu alguns dias após aquela explosão, pouco depois de Peyton completar 3 anos.

Peyton estava olhando para um retrato de meu cunhado David que ficava pendurado na parede do meu quarto. Eu o peguei no colo para que visse melhor a fotografia. Ele a olhou fixamente e eu lhe perguntei:

"Quem é este, Peyton?" Ele respondeu, repetindo várias vezes: "Papai. Papai!" Cerca de cinco fotos abaixo estava o retrato de Michael, meu marido. Perguntei de novo: "Então quem é este aqui?" A expressão do rosto de Peyton era de perplexidade. "Este é o papai?" Depois, apontou de novo para o retrato de David e perguntou: "Este não é o papai?" Respondi: "Não, este não é o papai. É o tio David." Com um olhar de reconhecimento, ele murmurou: "Hum!"

Recentemente, estávamos fazendo um cartão de aniversário para a tia Molly. Perguntei aos meninos o que eles gostariam que eu escrevesse, além de "Feliz aniversário". Sam me disse para escrever: "Estou com saudades e quero ver você logo." Peyton sugeriu: "Diga a ela que eu era o bebê azul dela e agora sou Peyton e sou vermelho." Exclamei: "O quê?" Ele repetiu a frase, sem mudar uma única palavra. Decidi não escrever aquilo no cartão. Coloquei apenas: "Eu te amo."

Sam e eu chegamos a um ponto crucial um dia no carro, a caminho da escola. Ele me contou um sonho que tivera. Não tenho certeza se ele sonhou mesmo ou se estava se distanciando aos poucos das memórias diretas. Mas disse que era um sonho: "Eram dois meninos na barriga da tia Molly e depois tivemos que trocar de barriga. Peyton era o outro menino. Então, ele ficou muito zangado porque não pôde vir comigo dessa vez, para ficar na sua barriga. Ele estava muito zangado. Você sabe o que quero dizer, mamãe?"

Pela primeira vez, não lutei. Confirmei: "Sei, sim. Você estava na barriga da tia Molly." Aquele foi um grande momento para mim. Até então eu resistia ao que ele estava tentando me dizer e não queria mais ouvir sobre os primos. Naquele instante, em vez de lutar contra, me uni a ele. E foi dali em diante que Sam começou a mudar. As discussões terminaram.

Contei a Michael sobre os incidentes. Ele não sabia o que pensar, mas não riu nem desdenhou os acontecimentos. Achou que devíamos revelar a Molly e David o que estava acontecendo. Na visita seguinte, tocamos no assunto delicadamente, comentando algumas coisas que Sam e Peyton disseram. Fiquei com medo da reação deles.

Para minha surpresa, Molly não podia ter ficado mais feliz. Disse que isso explicava por que ela tinha que estar presente quando Sam e Peyton nasceram e por que os amava tanto, como se fossem seus filhos.

Ela nos agradeceu e nos falou do alívio que sentia por seus gêmeos estarem de volta.

Contar aos dois tudo o que aconteceu nos deu a chance de confirmar algumas coisas que Sam dizia. Perguntamos a Molly sobre a casa perto da água, com escadas sem carpete. Ela exclamou: "Meu Deus! Quando eu estava grávida dos gêmeos, morávamos numa casa à beira da baía. Foi a única casa em que vivemos em que as escadas não eram acarpetadas. Nós nos mudamos de lá três dias antes da morte dos bebês!"

No dia seguinte, Molly e eu demos um jeito para que ela passasse mais tempo sozinha com Sam. Quando estavam juntos, ela lhe mostrou um retrato de quando estava esperando os gêmeos e perguntou: "Você sabe quem está na minha barriga?" Sem hesitar, ele respondeu: "Eu e Peyton."

Molly prosseguiu: "Mas vocês não nasceram, Sam. Pode me explicar por quê?" Sam pensou por um segundo e contou sobre seu sonho, quando trocou de barriga. Esperando compreender a perda de seus filhos, Molly perguntou novamente por que ele não veio. O rosto de Sam assumiu uma expressão engraçada e ele não disse mais nada.

Na manhã seguinte, perguntei se ele havia contado sobre o sonho à tia Molly. Sam respondeu que não queria contar tudo a ela. Quando eu quis saber o motivo, sua resposta me surpreendeu: "Não pude contar porque eles ririam de mim." Garanti que ninguém zombaria dele. Mas Sam retrucou: "Eles ririam porque sabem que é proibido."

Não entendi o que ele estava dizendo e lhe pedi que me explicasse melhor o que era proibido. "Trocar de barrigas. Eu tinha que ter permissão para fazer isso." Depois ficou calado e circunspecto, como se alguém o estivesse observando. Percebi que havia algo que ele não deveria contar e eu não deveria saber. Por isso mudei de assunto.

Sam se alegrou e declarou: "Mamãe, vou deixar você ser minha mãe e você pode mandar em mim, está bem?" Disse como se fosse uma solução que acabasse de lhe ocorrer. "Obrigada, Sam. Isso vai facilitar muito o meu trabalho."

Desde o dia em que reconheci e admiti as memórias de Sam e ele me aceitou como mãe, seu comportamento mudou de maneira radical. Ele não é mais melancólico e zangado. Acorda de manhã com um sorriso radioso. Está muito mais relaxado e fácil de se lidar. Seus frequentes acessos de raiva desapareceram. Ele nos aceita abertamente como pais. Nos últimos tempos, me disse: "Estou tão feliz porque você é minha mamãe." E disse a Michael: "Estou tão feliz porque você é meu papai." Todos nós nos sentimos muito mais em paz.

A vida de Molly também mudou bastante. Ela sente que meus dois filhos são os mesmos espíritos dos gêmeos que perdeu, e se considera abençoada por ter o privilégio de fazer parte de suas vidas. No mês passado, tomou conta deles no aniversário da morte dos filhos. Foi um dia de grande emoção para ela. Sei que isso a ajudou a aceitar essa perda e se aproximar ainda mais de Sam e Peyton.

"NÃO FIQUE TRISTE, MAMÃE, AQUELE ERA EU."

A grande maioria das mães ignora que o bebê que abortaram pode voltar para elas. Passados muitos anos, mulheres que provocaram o aborto ainda sofrem profundamente de culpa e remorso pelo que fizeram. No entanto, nem sempre é tarde para que uma mãe peça perdão ao espírito da criança que abortou e lhe explique a razão do que fez. Sobretudo se o diálogo se estabelece com uma alma que retornou como outro de seus filhos.

Uma mãe do Texas me fez seu relato:

Meu filho tem agora 24 anos, mas nunca vou me esquecer do que ele disse quando tinha apenas 3 anos.

Um dia, eu dirigia o carro com Joel no banco de trás, voltando da escola. O rádio transmitia um debate sobre aborto, e, para minha surpresa, de repente ouvi meu filho dizer: "Abortar é errado."

Fiquei tão transtornada – sobretudo pela certeza de que era a primeira vez que ele ouvia a palavra aborto – que me pus a dar uma explicação, como se Joel tivesse capacidade para entendê-la. "Joel, muitas vezes a mulher não tem escolha. Quando eu tinha 16 anos, fui obrigada a abortar porque não tinha a menor condição de ter um filho. Eu sempre me senti culpada e triste por causa disso, mas na época não podia fazer outra coisa."

A tristeza e a emoção que eu reprimira durante todos aqueles anos vieram à tona, e as lágrimas correram pelo meu rosto. Joel ficou em silêncio, e achei que ele não tinha notado meu choro. Mas de repente ele afirmou, com a mesma naturalidade com que me falaria de um acontecimento banal na escola: "Não fique triste, mamãe. Aquele era eu. Eu voltei para o céu e fiquei esperando você crescer." E passou a cantarolar uma música que aprendera na escola.

Aquela afirmação de meu filho me trouxe uma paz que eu desconhecia desde os 16 anos.

CAPÍTULO 8

SONHOS QUE ANUNCIAM

Os espíritos ficam muito ocupados no pós-vida. Não apenas planejam e negociam sua próxima encarnação, mas, em alguns casos, *se comunicam* com os mortais na Terra. Enviam mensagens para seus entes queridos para lhes garantir que estão *vivos* e bem no mundo espiritual. E, especialmente caso estejam prestes a retornar para a família que deixaram, podem mandar um aviso: "Estou chegando! Preparem-se para mim!"

Essa comunicação com o mundo espiritual tende a ser mais frequente logo após a morte e logo antes da concepção e do nascimento. A maneira como a comunicação acontece nesses dois momentos é similar – na verdade, são duas faces da mesma moeda. Os espíritos podem se fazer conhecer por nós usando visões, sons, vozes e até mesmo cheiros ou toques. Porém, o canal mais utilizado para essa comunicação são os *sonhos que anunciam*, que predominam na comunicação antes do nascimento e são comuns nos casos de retorno familiar.

A comunicação pré-nascimento e pós-morte pode ser comparada às mensagens de rádio enviadas por um navio em alto-mar. À medida que ele vai se afastando, continua mantendo contato com o porto até alcançar o limite dos sinais, quando as mensagens vão se tornando cada vez mais indistintas, até cessarem completamente. Quando o navio começa a se aproximar da costa, as mensagens recomeçam e vão se tornando mais audíveis. Da mesma maneira, um espírito que acabou de partir envia mensagens de amor e preocupação aos parentes que ficaram na Terra. Depois de algum tempo, porém, essa comunicação se torna menos frequente.

Talvez a necessidade de o espírito entrar em contato com seus entes queridos vá diminuindo à medida que ele evolui no mundo espiritual e abandona os vínculos e as preocupações da vida anterior. Mas, quando se prepara para voltar num novo corpo, recomeça a enviar mensagens – para a nova família, num lugar distante, ou para aqueles que deixou no porto. Em casos excepcionais, o espírito nunca se aventura muito longe da costa e fica em contato com a família durante todo o tempo que decorre entre a morte e o renascimento.

A comunicação pré-nascimento é uma parte importante da reencarnação familiar. É verdade que ela também pode ocorrer antes da chegada de um espírito que não pertencia à família. No entanto, é mais significativa – e mais notável – nos casos de reencarnação familiar porque os parentes são capazes de reconhecer os sinais associados àquele espírito em particular.

Se você aceitar a possibilidade de comunicação de um espírito e aprender as diferentes formas que ele utiliza para isso, estará preparado para reconhecer os sinais quando eles surgirem. Irá se abrir para receber mensagens enviadas com amor do mundo espiritual – principalmente aquelas que anunciam um reencontro feliz com uma pessoa a quem você amou antes que a morte a levasse.

SAINDO DO PORTO

Um número surpreendente de pessoas experimentou a comunicação direta com entes queridos que morreram, e nas duas últimas décadas começou-se a falar abertamente sobre isso. Por esse motivo, a comunicação pós-morte é agora mais bem conhecida e documentada do que a comunicação pré-nascimento. Como a maneira de se comunicar é essencialmente a mesma nos dois casos, podemos primeiro analisar as formas mais familiares de comunicação pós-morte para saber o que procurar quando os espíritos avisam de seu retorno iminente.

É comum que os parentes vejam seus entes queridos que morreram, ouçam suas vozes ou sintam sua presença. Essa comunicação é esporádica e geralmente sutil. Como a maioria das pessoas não sabe ou nega que a comunicação entre este mundo e o mundo espiritual é possível, essas oportunidades são perdidas ou consideradas meras coincidências, meros produtos de uma imaginação exacerbada – quando, na verdade, um parente morto está tentando fazer contato.

Os espíritos se comunicam utilizando diretamente qualquer um de nossos sentidos. Algumas vezes, podem ser vistos. Um espírito se faz visível como uma aparição – a forma fluida, energética, de uma pessoa. Eu mesma vivi essa experiência na primeira reunião da família logo após a morte de meu pai. Consegui enxergar sua forma translúcida planando no vestíbulo de minha casa. Foi muito rápido. Mas me deixou uma impressão profunda.

Um espírito também pode fazer sua presença ser percebida por meio do olfato. Um odor ou um perfume que associamos ao morto – o cheiro de rosas, de fumo de cachimbo, da colônia favorita, por exemplo – de repente se materializa quando não existe outra fonte possível que o justifique. Um aroma inexplicável imediatamente nos faz sentir que o morto está presente. Essa associação singular é a maneira que ele encontrou para dizer: "Estou aqui com você." A audição é um outro canal utilizado nessa comunicação. Pode-se escutar o morto falar como se fosse uma voz "de fora da cabeça" ou ouvir mensagens telepáticas no interior da mente.

Qualquer uma dessas experiências sensoriais pode ser acompanhada de sensações palpáveis: arrepios, ondas de calor, aumento da energia que corre pelo corpo. Algumas vezes, um espírito se faz notar por um toque reconfortante no rosto, um tapinha no ombro ou um grande abraço.

O TELEFONE DE BRINQUEDO COR-DE-ROSA

Não é surpresa para ninguém que crianças pequenas sejam mais receptivas do que adultos à comunicação pós-morte. Acho que isso acontece porque elas retornaram há pouco tempo do mundo espiritual. As crianças ainda não foram treinadas ou condicionadas para *não* acreditar naquilo que sua percepção sinaliza. Por isso, ver e conversar com avós, pais ou irmãos que já morreram é, para elas, uma situação comum. Tais conversas não são como aqueles monólogos associados a brincadeiras imaginárias, mas diálogos com pausas apropriadas em que a criança demonstra estar ouvindo com atenção. Algumas vezes, ela transmite mensagens específicas que causam perplexidade nos adultos porque contêm informações ou detalhes precisos sobre a pessoa morta, dos quais a criança não teria conhecimento.

Lauren é um exemplo extraordinário disso. Ela dialogava com o irmão mais velho depois que ele morreu. Nadine, a mãe, descreve o que viu.

> Alguns meses depois que Roger, meu enteado de 16 anos, morreu num acidente de automóvel, Lauren, de 2 anos, começou a falar com ele pelo seu telefone de brinquedo cor-de-rosa. Essas conversas frequentes eram longas, animadas, repletas de boas risadas. Achamos estranho, porque a pequena Lauren fazia pausas em todos os pontos da conversa em que elas seriam apropriadas, como se estivesse de fato ouvindo alguém falar. Nem mesmo crianças mais velhas que brincam de falar ao telefone sabem fazer tais pausas.
>
> Eu perguntava: "Com quem você está conversando hoje?" E ela sempre respondia: "Com Roger. Ele me telefonou." Isso acontecia com tanta frequência que não dávamos muita importância. Então, uma noite, durante o jantar, Lauren anunciou: "Sabe de uma coisa? O Roger disse que vai voltar logo."
>
> Eu não queria decepcioná-la, mas senti que precisava ser honesta. Por isso, expliquei: "Não, querida, Roger não vai voltar, porque ele morreu. Agora ele está no céu." Lauren insistiu: "Mas eu conversei com ele e ele me disse que vai voltar! E vai voltar logo."
>
> Resolvi não dizer mais nada, imaginando que ela ainda era pequena demais para entender o que é a morte. Alguns dias depois, estávamos fazendo compras e Lauren me puxou para ver as roupas infantis. Tentei levá-la para outro lugar, explicando que aquelas eram roupas para meninos e não para meninas.
>
> Mas Lauren disse: "Nós temos que comprar umas roupinhas para o Roger. Ele vai voltar." Mais uma vez, fiquei surpresa diante daquela

insistência. Ela tinha certeza de que Roger ia voltar e queria que eu estivesse pronta. Esqueci esses incidentes até alguns anos depois que Donald nasceu e começou a dizer coisas incríveis.

Donald, o filho que Nadine teve aos 43 anos, nasceu um ano depois do que os médicos chamaram de *gravidez impossível*. À medida que foi ficando mais velho, ele fez dezenas de afirmações surpreendentes sobre o acidente de automóvel, as mudanças na casa desde a morte de Roger e os acontecimentos de quando Roger ainda estava vivo, o que provou para todos os que tinham familiaridade com o caso que Donald era Roger renascido.

Pensando no que acontecera antes, Nadine se convenceu de que as conversas de Lauren com o irmão morto através do telefone de brinquedo eram reais e que ele havia mesmo informado que voltaria em breve. Nadine me enviou uma fotografia tirada no Natal anterior à morte de Roger, um impressionante presságio. Na foto, um adolescente de cabelos escuros sorri com alegria para a irmãzinha, que segura junto ao ouvido um telefone de brinquedo cor-de-rosa – o mesmo que os dois usaram mais tarde para se comunicar, depois da morte do rapaz.

VEJO VOCÊ NOS MEUS SONHOS

Embora os espíritos utilizem uma grande variedade de maneiras de se comunicar com os vivos, os sonhos aparecem como a forma mais direta dessa comunicação. Eles são um ponto de encontro entre os dois mundos. Os pesquisadores Joel Martin e Patricia Romanowski afirmam em seu livro *Love Beyond Life* (Amor além da vida) que a mais profunda e duradoura comunicação ocorre quando sonhamos. Acreditam que isso acontece porque no estado de sonho pode ser mais fácil para o espírito entrar em contato com os vivos. Enquanto dormimos, nossos filtros racionais não estão funcionando e nossa mente fica mais flexível e receptiva a experiências incomuns. Uma outra possibilidade intrigante é que, durante o sono, abandonamos nosso corpo, fazemos uma viagem astral e nos encontramos com os que se foram numa dimensão acessível a ambos.

Seja qual for o mecanismo, esses sonhos – ou melhor, *visitas* – têm um forte significado para aqueles que os experimentam, por serem muito mais reais e vívidos do que os sonhos comuns. Neles, enxergamos com clareza e abraçamos entes queridos que já se foram e que aparecem como eram em vida. Se estavam doentes antes de morrer, surgem com perfeita saúde. Quando acordamos de um desses encontros vigorosos, sentimos que realmente visitamos a pessoa querida. Ao contrário do que acontece com os sonhos comuns, essa impressão se fixa na memória e fica conosco por muito tempo.

Como os sonhos tendem a demorar mais do que outras formas de comunicação dos espíritos, eles oferecem a oportunidade de mensagens prolongadas e significativas. A comunicação nessas visitas geralmente é telepática, passando de uma mente para a outra sem que se diga uma única palavra. Mesmo quando as mensagens são simbólicas, quase nunca necessitam de análise, como acontece nos sonhos comuns. Algumas vezes são apenas mensagens de conforto e confiança; em outras, preveem acontecimentos futuros, fornecem soluções de problemas ou respostas para várias questões.

A comunicação pós-morte é mais comum nos dias e nas semanas que se seguem à morte e se repete por vários anos dali em diante, até ser interrompida – mas nem sempre. Não existem regras. Depois de muitos anos de silêncio, o falecido pode recomeçar o contato sem que haja um motivo aparente, ou porque há alguma dificuldade ou perigo. Ele pode aparecer em momentos de crise e transmitir algum aviso, instrução ou a certeza de que tudo vai acabar bem.

VOLTANDO AO PORTO

A maioria das pessoas jamais ouviu falar em comunicação pré-nascimento ou em sonhos que anunciam. Até pouco tempo, ninguém havia tentado documentar ou pesquisar esse fenômeno. E, sendo uma experiência extremamente pessoal, é quase impossível para uma outra pessoa verificá-la. Raramente o assunto é discutido em público: mães e pais que viveram tal situação sabem que ela é verdadeira, mas preferem guardar a história para si mesmos ou, no máximo, contá-la em reuniões informais, como curiosidade.

As comunicações pré-nascimento e pós-morte são similares no que se refere à sua sutileza e ao uso dos cinco sentidos como canal. Mas o objetivo da primeira é diferente: o espírito que está por vir sinaliza sua intenção de nascer numa determinada família. Essa comunicação pode ocorrer antes da concepção, a qualquer momento durante a gravidez ou imediatamente antes ou depois do nascimento. As almas revelam que estão chegando para a futura mãe ou para outro membro da família em sonhos que anunciam, visões ou mensagens e que também podem fornecer informações que ajudam os pais a identificar quem está vindo para se tornar seu filho ou filha.

Assim como a comunicação pós-morte, a comunicação pré-nascimento também não é novidade. Em muitas culturas orientais, a preexistência é uma certeza, e a comunicação antes do nascimento é esperada. Os budistas tibetanos utilizam os sonhos para ajudá-los a localizar a próxima encarnação de seus líderes espirituais. Na cultura judaico-cristã, as referências mais conhecidas podem ser encontradas na Bíblia, como o anúncio da chegada de João Batista e de Jesus. Mas, à medida que desenvolvemos uma visão racional, essas formas de comunicação passaram a ser consideradas frutos de uma imaginação fértil, desejo de que algo aconteça, histórias da carochinha ou superstição.

Porém, os tempos mudaram para a comunicação pré-nascimento. Duas pesquisadoras, entre muitas outras, estão estudando seriamente essas histórias. Ambas se comunicaram com os próprios filhos antes do nascimento, recebendo mensagens tão reais que resolveram procurar outros pais que tivessem passado pela mesma experiência. Elizabeth Hallett, autora de *Soul Trek: Meeting Our Children on the Way to Birth* (Jornada da alma: encontrando nossos filhos a caminho do nascimento), e Sarah Hinze, de *Coming from the Light* (Vindo da luz), sem terem conhecimento da pesquisa uma da outra, coletaram centenas de exemplos de comunicação pré-nascimento. Ambas documentaram comunicações visuais, auditivas e telepáticas que previam a gravidez, revelavam o sexo do bebê e às vezes até davam uma ideia da aparência e da personalidade da criança.

Segundo as autoras, é muito comum que a mãe sinta o espírito do bebê planando ao seu redor antes da concepção. Eu também vivi isso, antes de ficar grávida. As mulheres relataram a sensação de serem seguidas pela presença do espírito de um bebê querendo entrar em seu útero. Um fato interessante a ser notado é que o conceito de espíritos que seguem as futuras mães é condizente com os relatos de crianças pequenas que dizem se lembrar de planar ao redor delas.

Os espíritos às vezes aparecem sob a forma de crianças em visões fugazes, quando a mãe está acordada. É difícil saber quantas dessas visões são reais ou apenas projeções da imaginação materna. Mas, de acordo com os pesquisadores, existem casos suficientes nos quais as visões foram tão precisas, a ponto de corresponder à aparência da criança depois do nascimento, que os pais se convenceram de que realmente haviam tido uma visão de seus filhos.

SONHOS QUE ANUNCIAM

Mais uma vez, a maneira mais comum para um futuro filho ou filha se comunicar é pelos sonhos. É claro que, estimulados pela excitação e pelos hormônios maternos, os sonhos fazem parte da gravidez. Mas alguns são tão reais, tão coerentes, que se destacam dos outros. Nestes, a pessoa que sonha, em geral a futura mãe, tem a distinta e inesquecível sensação de estar se encontrando com seu filho ou filha enquanto dorme.

Os sonhos que anunciam acontecem em todas as culturas, em todas as partes do mundo. Aparecem com tanta regularidade nos casos de Ian Stevenson que ele os considera uma característica-padrão de um caso de renascimento, com afirmativas, comportamentos e sinais de nascença. Embora não os inclua nas evidências pelo fato de serem efêmeros demais para admitirem comprovação, ele dedica um tempo para registrá-los e verificar o que as mães disseram sobre o sonho antes que o bebê nascesse. Depois disso, se as lembranças de vida passada daquela criança são confirmadas por meio de afirmações, comportamentos e marcas de nascença, passa a considerar os sonhos como os primeiros sinais de sua identidade anterior.

Num sonho que anuncia, um adulto ou bebê pode aparecer para a pessoa que está sonhando e declarar a intenção de ser seu filho ou filha. O espírito pode falar diretamente: "Estou chegando", "Quero ficar com você" ou "Prepare-se para mim". Algumas vezes, pede licença para entrar, perguntando: "Posso ser seu filho?" A mensagem pode não ser sempre tão verbal e direta, e sim visual e simbólica. A pessoa que aparece no sonho pode entrar no quarto de quem sonha, subir na cama e se deitar no meio do casal. Ou o espírito pode ficar ao pé da cama, ou aparecer como uma criança que se senta no colo daquele que está sonhando.

Uma mãe contou a seguinte história a Elizabeth Hallett, que a publicou em seu site na Internet (www.light-hearts.com):

> Cerca de dois anos antes de meu filho ser concebido, eu estava começando minha carreira de psicoterapeuta. O imenso prazer que experimentava naquela vocação me fez decidir abrir mão da maternidade. Uma noite, tive um sonho muito vívido. Uma criança na idade de começar a andar apareceu para mim e disse: "Mamãe, quando você vai ficar pronta para mim?" Ainda sonhando, perguntei: "Quem é você?" E ele respondeu: "Sou Timothy, seu filho."
>
> Acordei assustada – assustada, mas diferente. Senti uma maravilhosa sensação de paz e amor. Depois disso, Timothy apareceu em meus sonhos várias vezes, até que, um ano mais tarde, concebi meu primeiro filho. A gravidez não foi planejada. Meu filho se chama Timothy, é claro. Ele agora está dando seus primeiros passos e se parece muito com a criança que se apresentou em meus sonhos.

Na maioria dos casos como esse, o espírito que está por vir é alguém desconhecido dos futuros pais. Mas, em alguns deles, o espírito é um parente morto que a pessoa consegue reconhecer. O caso que se segue me foi relatado em um e-mail enviado por um advogado chamado Ned.

> Meu pai, Jimmy, morreu em 1997, depois de uma longa batalha contra a doença de Parkinson. Por mais de um ano, nossa família ficou ao seu lado, enquanto ele, deitado numa cama, mal reconhecia qualquer um de nós.
>
> Logo depois de sua morte, minha mulher ficou grávida. Quando se aproximava o dia previsto para o nascimento do bebê, ela sonhou com meu pai três noites consecutivas. Nos dois primeiros sonhos, papai apareceu aos pés da cama e olhou para ela com muito amor, sem dizer

uma única palavra. Na terceira noite, apareceu no mesmo lugar, mas desta vez disse: "Está na hora." Naquele exato momento, o sonho acabou e minha mulher acordou de repente, sentindo a primeira contração.

Nossa filha, Emily, nasceu naquele mesmo dia. Emily agora é um bebê que tem demonstrado tantas semelhanças com meu pai que, brincando, nós a chamamos de "papai". Ninguém precisa acreditar em mim e nem concordar com a minha conclusão, mas não vou deixar de acreditar que meu pai voltou como minha filha.

VOOS FANTASMAS

Eu ouvi esta história pela primeira vez quando Cindy a contou diante de uma enorme plateia num seminário que dirigi. Ela está repleta de exemplos de comunicações pré-nascimento e pós-morte, incluindo vários sonhos que atravessam o tempo entre a morte do cunhado e o seu renascimento na mesma família. Na verdade, parece que ele sempre ficou por perto e manteve contato com os parentes durante toda a estada no mundo espiritual.

Grant Merrill morreu no dia 5 de agosto de 1987, num desastre de avião. Era irmão de meu marido, mas não cheguei a conhecê-lo. Ele estava sobrevoando as montanhas perto de Aspen, no Colorado, quando o pequeno avião perdeu o controle, causando o acidente. Foi uma perda devastadora para toda a família Merrill. Grant era inteligente, simpático e estava no apogeu de sua carreira – ele possuía uma construtora muito bem-sucedida. Embora tivesse contato com a família desde pequena – Kevin e eu estudamos juntos –, nunca me encontrei com Grant, e só me casei com Kevin alguns anos após a morte do irmão. Como a família mantinha viva a memória de Grant, eu sentia como se o conhecesse.

A família acreditava que Grant estava estabelecendo contato de maneiras curiosas durante todo o tempo decorrido entre sua morte e o mês em que concebi Mason, um período de exatos sete anos. O primeiro sinal que interpretamos como uma comunicação de Grant aconteceu em Aspen, quando a família se reuniu em sua pista de esqui favorita para jogar ali suas cinzas. Enquanto eram lançadas ao vento, todos ouviram claramente o som de um monomotor voando por cima de suas cabeças. Parecia próximo, mas não havia nenhum avião por ali. Mesmo assim, todos foram unânimes em afirmar que ouviram um avião.

Esses voos fantasmas se repetiram com frequência, sempre que a família Merrill se reunia ao ar livre em alguma ocasião especial. A primeira vez que testemunhei um desses voos foi no dia do meu casamento, na fazenda da família. Durante a cerimônia, ouvimos claramente um avião monomotor – o som chegou a ficar gravado na fita de vídeo. Mas, como nas outras vezes, quando os membros da família olhavam para cima, nada viam.

A noiva de Grant, Sheri, também recebeu sua visita. Um dia, logo após o acidente, ela estava excepcionalmente triste. Chorava sozinha em seu quarto, conversando com Grant, implorando por algum sinal de que ele era capaz de ouvi-la. Perto dela havia uma pequena estatueta de porcelana, presente do noivo, onde se via um casal de namorados num balanço. De repente, esse balanço começou a se mover bem devagar, para a frente e para trás, sem que ninguém o tocasse. Depois, começou a girar e a se mover mais depressa. Não é necessário dizer que isso a convenceu de que era Grant lhe dizendo que estava ao seu lado e que podia ouvi-la.

A irmã de Grant, Carol, sentia sua presença sempre que estava cavalgando na fazenda da família. Ela sabia que o irmão a observava. Carol costumava cavalgar para aplacar um pouco a sua dor. O pai de Grant, Jim, havia se tornado um cristão renovado fazia pouco tempo e, além de sofrer pela perda do filho, se lamentava pelo fato de Grant não ter sido "salvo" quando morreu. A nova fé de Jim havia sido um ponto de discórdia entre pai e filho – Grant achava que o pai estava exagerando na maneira de seguir a religião. Isso não impediu Jim de rezar e pedir por algum sinal de que seu filho fora para o céu, apesar de não estar salvo.

Logo após o acidente, Jim recebeu um telefonema de um conhecido. O homem disse que Grant o havia visitado num sonho muito claro, com uma mensagem que o fez se sentir compelido a avisar ao pai. A mensagem era a seguinte: "Diga a meu pai que estou bem. Tudo está bem comigo. Não se preocupe." Essas palavras trouxeram enorme consolo para Jim.

Cindy continuou seu relato, contando como seu marido, Kevin, apesar de ser o mais cético da família, mudou de ideia a respeito das comunicações do irmão.

Kevin era uma pessoa extremamente racional e não acreditava que aqueles sinais fossem mensagens do morto. Vivia me dizendo: "Deve haver uma explicação, nós apenas não sabemos qual é." Porém, como Kevin sabia que os sinais consolavam a família, não demonstrava a eles sua descrença. Foi com esse espírito que ele acompanhou a mãe, Anne, numa visita a uma famosa médium, na esperança de que uma mensagem pudesse ajudar a aplacar a dor de Anne. Carol também foi.

A primeira mensagem que a médium recebeu era para Carol: Grant queria que ela soubesse que realmente estava ao seu lado durante as cavalgadas. A médium recebeu outras mensagens que trouxeram conforto ao coração de Anne. Então, ela disse que Grant estava muito aborrecido por causa de seu jipe, porque deixara coisas por fazer. Ninguém entendeu o que aquelas palavras significavam. A última mensagem de Grant foi para Kevin: ele queria seus sapatos de volta. Aquele comentário era tão misterioso quanto a história do jipe inacabado.

Logo depois, quando foi à Califórnia para juntar os pertences de Grant, Kevin encontrou o jipe do irmão na garagem, levantado sobre blocos de concreto. Grant estava remontando o motor, mas não pôde terminar o serviço. Um mês depois, Kevin estava limpando seu próprio armário quando encontrou, enfiado numa mochila, um par de sapatos de Grant que ele havia tomado emprestado e de que nem se lembrava mais. Kevin ficou impressionado com a precisão das mensagens. Mas ainda tinha dificuldades em acreditar que elas vinham de Grant. Achava que a médium simplesmente tivera sorte.

Cerca de um ano depois da morte de Grant, Kevin começou a ter uma série de sonhos muito nítidos com o irmão. Eles continuaram a acontecer, de maneira esporádica, até o verão de 1994, e então pararam de repente – quase sete anos após a morte de Grant. De todos os sinais, acredito que os sonhos de Kevin foram os mais significativos, porque demoliram seu ceticismo e o fizeram mudar de ideia.

Kevin os descreveu como algo muito diferente dos sonhos normais, chamando-os de "sonhos instrutivos". Disse que não tinha dúvidas de que estava realmente conversando com o irmão. De todos os sonhos que teve, o último foi o mais memorável. Nele, Kevin estava caminhando por uma floresta quando encontrou Grant. Ficou surpreso ao ver o irmão e perguntou: "Por que você está aqui? Como isso é possível?" Grant respondeu: "Não se preocupe. Relaxe e aproveite este momento que passamos juntos. Não é maravilhoso?"

Então, Grant começou a ensinar. "A vida é um *continuum*. É como um círculo com uma linha de um lado até o outro. Nossa vida está se movendo ao longo dessa linha." Kevin teve a impressão de que a morte estava no outro lado da linha, mas não entendeu muito bem, e Grant explicou outra vez. Kevin continuou sem entender e Grant decidiu desenhar um diagrama para ajudá-lo a visualizar. Fez um círculo perfeito e linhas retas – tinham a precisão dos traços de um engenheiro.

Kevin entendeu pelo desenho que a vida de uma pessoa é representada pela viagem por uma das linhas que cruzam o círculo até chegar à morte. Mas não termina aí. A pessoa recomeça sua caminhada por uma outra linha. Grant prosseguiu: "A melhor parte é a reunião com as pessoas quando suas linhas se cruzam outra vez." Kevin compreendeu que o irmão estava falando de múltiplas existências. O diagrama mostrava com clareza como linhas diferentes no círculo se cruzavam inúmeras vezes, representando os reencontros das pessoas em diferentes existências. Então, olhou diretamente para Kevin e disse: "Estou me preparando para percorrer uma daquelas linhas outra vez. Até lá."

Nesse instante, Kevin acordou. Ele me sacudiu para que eu também acordasse e me contou sobre o sonho. Era tão real que se lembrou de todos os detalhes. Estava agitado, porque o sonho fora muito claro. Até a imagem do diagrama continuava viva em sua mente, e eu sugeri que ele o desenhasse e anotasse tudo o que era capaz de lembrar.

INFINITOS E FAMILIARES

Os sinais de Grant foram mais frequentes logo após sua morte. Exceto pelos constantes sonhos de Kevin, eles foram desaparecendo para o resto da família. Até o verão de 1994, época em que Kevin teve seu último sonho. E então Cindy também sonhou com o cunhado.

No sonho, eu estava sentada na parte mais alta de um telhado, observando vários aparelhos voadores que flutuavam ao meu redor. Eram veículos estranhos, diferentes dos nossos típicos aviões ou helicópteros. De repente, reconheci Grant dentro de um dos aparelhos. Acenei para ele e implorei para que viesse conversar comigo. "Grant, Grant, venha aqui. Quero falar com você."

Logo ele apareceu ao meu lado no telhado e eu disse: "Oi, como vai você? Sempre tive vontade de conhecê-lo." Grant disse apenas: "Tenho que ir embora!", e começou a sair. "Não, não, por favor, espere. Tenho muita vontade de conhecer você." Grant virou-se para mim e jamais vou me esquecer do sorriso radiante que me deu. Seu rosto se iluminou, seus olhos eram infinitos e familiares. Ao sorrir de maneira tão linda, com tanta paz, Grant me disse: "Eu já conheço você. Em breve, estaremos juntos."

E então, com um último sorriso, ele se foi. Meus olhos se enchem de lágrimas quando me lembro desse sonho. Foi uma dádiva muito especial. Ele me fez sentir como se já nos conhecêssemos por toda a eternidade. Logo depois, no início do outono de 1994, concebi Mason, e todos os sonhos e comunicações de Grant terminaram abruptamente para mim e para o resto da família.

MASON

Mason nasceu em maio de 1995. Nos seus primeiros anos de vida, ele disse e fez muitas coisas que convenceram Cindy de que ele era a reencarnação de Grant. Quase todas envolviam aviões.

O primeiro sinal veio quando Mason tinha apenas um mês de vida. Eu o amamentava na varanda de trás da casa quando um pequeno avião passou voando. Assim que ouviu o barulho, Mason, que sempre mamava com voracidade e não parava de sugar por nada, parou de repente, virou a cabeça para ver o avião e ficou olhando para o céu por muito tempo. Ele prestou atenção no avião até que desaparecesse, para então voltar a mamar. Lembro-me de ter ficado arrepiada: era a primeira vez que ele ouvia um barulho de avião, pelo menos nesta existência, e ficou totalmente hipnotizado.

Aos 9 meses, Mason começou a ter pesadelos. Acordava tremendo e soluçando. Era diferente de quando acordava à noite por causa de algum desconforto. Quando tinha os pesadelos, não me olhava e não parecia saber quem eu era. Era impossível acalmá-lo. Eu tinha que esperar até que ele ficasse exausto de tanto chorar e adormecesse. Os pesadelos aconteciam duas vezes por mês e continuaram até depois dos 2 anos de vida.

Quando Mason tinha 2 anos e era capaz de verbalizar seus sentimentos, eu tentava perguntar a ele o que havia de errado quando acordava soluçando. Uma noite, finalmente, consegui alguma resposta. Quando perguntei qual era o problema, Mason, chorando, respondeu: "Meu avião vai bater!" Exatamente essas palavras. Comecei a tremer e a chorar. E pensei: "Queria que Kevin estivesse aqui! Ele nunca vai acreditar em mim quando eu lhe contar!" Depois disso, os pesadelos foram se tornando cada vez menos frequentes, até que desapareceram por completo.

Desde aquela noite, Mason falou sobre o choque de seu avião várias vezes. Um dia, quando estávamos no automóvel, passamos por perto de um acidente muito grave. Sem refletir, comentei: "Meu Deus! Espero que ninguém esteja morto." Assim que disse isso, imaginei que poderia ter assustado Mason, mas depois pensei: "Ora, ele nem sabe o que quer dizer a palavra morto."

Mas Mason, que estava sentado em silêncio em sua cadeirinha, perguntou: "Mamãe, morto quer dizer quando o avião bate e a gente morre?" Não pude acreditar no que ouvi! Até então, nunca havíamos conversado sobre morte ou acidentes de avião com nosso filho de apenas 2 anos. Sua pergunta me deixou perturbada. Foi sem dúvida um daqueles momentos de "arrepiar os cabelos".

Mason é totalmente fascinado por aviões de qualquer tamanho e tipo, pelo seu modo de voar, pelos acidentes. Ele possui todos os aviões de brinquedo que possam existir. E fala tanto sobre o assunto que as professoras do jardim de infância acham que o pai dele é piloto. Kevin tem um avião com controle remoto, e Mason nunca se cansa de brincar com ele.

Um dia, quando ele tinha 3 anos, estávamos assistindo à televisão quando começou um programa sobre acidentes aéreos. Logo mudei de canal, porque não queria que Mason visse aquilo. Mas era tarde demais. Ele ficou agitado e gritou: "Mamãe, quero ver! Os aviões estavam caindo? Quero ver!" Quando me recusei, ele ficou extremamente zangado comigo, o que não era muito comum. Tive de concordar e deixá-lo assistir. Assim que o programa acabou, Mason ficou fazendo perguntas, querendo que eu lhe explicasse o motivo de cada acidente. Nós costumamos viajar de avião com muita frequência, e Mason adora voar. Mas toda vez ele me pergunta: "Mamãe, nós vamos cair?" Sempre respondo: "Não, meu amor, não vamos cair." Então ele diz apenas: "O.k.", e tudo fica bem.

Hoje, Mason tem 5 anos, e a maioria desses sinais desapareceu. Antes, quando os pesadelos e as estranhas coincidências eram frequentes, tudo parecia mais real para mim. Estava convencida de que Mason era Grant reencarnado. Ainda acredito nisso, do fundo do meu coração, mas, como ele está mais velho e os sinais já não são tão predominantes, é difícil manter a mesma convicção. Acho que é normal que isso aconteça com o passar do tempo. Se Grant está de volta, meu desejo é que ele possa concluir, através de Mason, tudo aquilo que deixou pendente quando morreu naquele acidente de avião. Espero que ele consiga realizar os sonhos e desejos que o atraíram, com tanta força e tão depressa, de volta ao planeta Terra.

CAPÍTULO 9

UMA SEGUNDA CHANCE

Quando alguém próximo a você morre, podem surgir muitos motivos de arrependimento, principalmente se a morte foi repentina, sem que houvesse tempo para despedidas, para dizer "eu te amo" ou para reconciliações. Pode ser especialmente difícil se você queria perdoar ou ser perdoado, mas não encontrou coragem para fazê-lo. A morte parece ser o fim de tudo, impedindo que haja uma chance de se consertar o passado.

Foi assim para Beverly Kornik, cuja história toma todo este capítulo. Beverly era uma mãe adolescente que maltratava o filho pequeno. Antes que ela pudesse reparar o sofrimento causado ao filho, ele morreu. Mas, graças ao milagre do retorno familiar, Beverly foi abençoada com a chance de ser mãe do mesmo espírito a quem fizera tanto mal. Ela recebeu uma segunda chance de se redimir de seu passado por meio do amor e da dedicação ao novo filho.

Você vai observar que muitos elementos do retorno familiar aparecem aqui: sinal de nascença, comunicação pós-morte, sonhos anunciadores, comportamentos reveladores e declarações. Também irá notar que esta história é muito similar à de Kathy Luke. Mas há uma importante diferença: a história de Kathy é sobre a *continuidade* de um relacionamento temporariamente interrompido pela morte – a reencarnação os colocou juntos outra vez para reiniciar e aprofundar seu amor. Já a de Beverly é sobre uma *mudança* no relacionamento com o filho, apagando os padrões destrutivos do passado – a reencarnação lhe ofereceu a oportunidade de corrigir seus erros. Ambas são exemplos de como, enquanto uma alma percorre o seu trajeto por uma única existência, outra pode entrar e sair, trazendo extraordinárias lições de perdão, piedade e amor.

CULPA E ARREPENDIMENTO

Uma mulher se aproximou de mim após uma palestra. Ela me disse que sua amiga Beverly se sentia frustrada por não ter podido estar ali, porque precisava muito falar comigo sobre seus filhos. O primeiro havia morrido num acidente de automóvel aos 19 anos, e agora ela achava que ele havia retornado como seu filho de 2 anos. Será que eu estaria interessada em conversar com ela? Disse que estava *muito* interessada. Pedi o nome e o telefone da tal amiga e fiquei feliz ao descobrir que ela morava a uma hora de carro da minha casa. Talvez eu pudesse entrevistá-la pessoalmente.

No entanto, não foi fácil entrar em contato com Beverly. Depois de dois meses de recados, finalmente consegui localizá-la no trabalho. Falando devagar, com um certo nervosismo na voz, ela me deu apenas um resumo da história, sem entrar em detalhes. Perguntei se poderia procurá-la outra vez, quando não estivesse trabalhando. No início, Beverly foi evasiva, mas depois me explicou que ela e o marido estavam quase se separando e que preferia não discutir o assunto na frente dele. Então, marcamos um encontro num restaurante próximo à casa dela.

Cheguei na hora marcada e logo nos reconhecemos em meio à multidão. Depois que nos sentamos, Beverly confessou que estava nervosa. Ela me explicou que não retornara minhas ligações porque não estava pronta para falar sobre a morte do filho nem para revelar segredos dolorosos sobre si mesma. Garanti que nada do que dissesse poderia me chocar – já estava acostumada ao incomum e fora treinada para trabalhar como orientadora.

Antes que começasse a contar sua história, Beverly tirou duas fotografias da bolsa e colocou-as sobre a mesa. Mostravam dois meninos que pareciam ter 2 anos de idade. Eram muito parecidos, principalmente os olhos. Ela apontou para cada um deles e disse: "Este é meu filho Brent, que morreu em 1992. Este é meu filho Jesse, que nasceu em 1995. Acredito que são o mesmo... o mesmo espírito." Fiquei impressionada com a semelhança das imagens que tinha diante de mim.

A garçonete chegou com uma garrafa de café e anotou nossos pedidos. Beverly começou sua história falando baixinho.

> Eu tinha apenas 17 anos quando Brent nasceu. Estava completamente despreparada para as responsabilidades do papel de mãe. Para piorar, ele tinha muitas cólicas e chorava o tempo todo. Não pude aguentar! Eu era tão jovem! Tenho vergonha de confessar, mas, algumas vezes, quando Brent chorava, sacudia seu berço e gritava: "Cale a boca!" Muitas vezes, precisei sair do quarto e fechar a porta para evitar que o machucasse.
>
> Para piorar ainda mais a situação, meu casamento estava indo muito mal. Vince era alcoólatra. Quando bebia, ficava muito agressivo. Uma noite, chegou em casa e viu Brent, então com 3 meses, deitado no chão. Ele o chutou como se fosse uma bola, atirando-o contra a pare-

de. Teria matado o bebê ali mesmo, e me envergonho de dizer que não fiz nada para proteger meu filho. Quando Brent tinha apenas 1 ano, o pai apontou uma arma carregada para sua cabeça. Eu tinha medo de reagir porque, durante suas crises de fúria provocadas pelo álcool, meu marido se tornava perigoso, e eu não sabia até que ponto poderia chegar. Mas ele não era o único a agredir Brent. Quando meu filho foi crescendo, sempre que fazia alguma coisa errada eu o maltratava. Não fui uma boa mãe.

Quando Brent fez 5 anos, tivemos outro filho, Scott. Depois que ele nasceu, peguei os dois meninos e abandonei meu marido. Cuidei sozinha deles durante 15 anos. O pai simplesmente saiu de cena. Brent passou a idealizar o pai ausente. Ficou muito triste com a separação e, apesar das agressões praticadas pelo pai, achava que eu era responsável por tudo o que acontecera. Ao mesmo tempo, eu me sentia esmagada pela culpa de não ter protegido meu próprio filho contra o pai e de tê-lo tratado daquela maneira. Tentei lhe explicar que eu os havia tirado de casa porque o pai era perigoso e os teria machucado ainda mais. Nós dois nos submetemos a um aconselhamento psicológico para tentar resolver toda aquela raiva.

Aos 14 anos, Brent queria muito ficar com o pai, que estava morando na Alemanha. Permiti. Brent passou quatro anos com ele. Quando fez 18 anos, voltou a morar comigo e com Scott. Enquanto ele estava na Alemanha, me casei com Bruce. Nesse período, tive muito tempo para refletir sobre nossas vidas. Comecei a compreender o que havia feito com Brent quando era pequeno e as motivações para o meu comportamento indesculpável.

Depois que meu filho voltou para casa, quis muito resgatar nosso relacionamento. Disse a ele quanto me arrependia por toda a dor que lhe causara. Lembro-me de ter chorado muito e de ter dito: "Desculpe-me por todas as maldades que fiz com você. Quero muito reparar meu erro agora. Eu te amo muito. Sempre quis ser uma boa mãe, mas não era capaz. Era jovem demais." Disse a ele muitas vezes quanto lamentava minhas atitudes. A última vez foi no dia anterior à sua morte, em agosto de 1992.

Lembro-me especialmente de uma sexta-feira à noite, antes daquele dia terrível. Eu havia preparado o prato favorito de Brent: rosbife.

Durante o jantar, ele me contou que andava tendo pesadelos assustadores. Eram sempre iguais: ele lutava ferozmente pela própria vida, mas não conseguia ver quem era seu oponente. Esses sonhos o deixaram muito perturbado, e queria saber minha opinião. Apenas olhei para ele e disse: "Bem, meu querido, nunca pare de lutar."

Mas Brent tinha outra interpretação para os sonhos. Disse que sabia que não viveria por muito tempo. Na verdade, tinha tanta certeza disso que fez um seguro de vida, apesar de ter apenas 19 anos. Estávamos na praia naquele agosto e ouvi quando ele contou ao irmão que estava deixando algum dinheiro para ele.

Beverly parou de falar por um instante e comeu um pouco do que havíamos pedido. Pude perceber quanto era difícil para ela conversar sobre um assunto tão doloroso. Compreendi por que relutara tanto em me encontrar e colocar para fora seus segredos obscuros. Senti um nó no estômago por saber o que estava para acontecer na história que ouvia.

Tarde da noite, no dia 25 de agosto de 1992, recebi um telefonema da polícia me avisando que Brent se envolvera num grave acidente de automóvel. Ele havia batido contra uma árvore, e não havia esperanças de que sobrevivesse. Lembro-me do horror e do entorpecimento que senti enquanto nos dirigíamos ao hospital. Estava em estado de choque. Repetia o tempo todo: "Isso não está acontecendo."

Quando chegamos ao hospital, os médicos me explicaram que Brent recebera na testa todo o impacto da batida. Eles me garantiram que, devido à gravidade do ferimento, ele ficara inconsciente assim que recebeu o impacto e não tinha sentido nada. Disseram que foi como uma luz que se apaga. Sua cabeça bateu no volante com tanta força que a metade de seu cérebro já estava morta. Precisaram amarrar sua mandíbula para colocar um respirador em sua boca. Nem sei por que fizeram isso, porque ele quase não estava mais ali. Mas fiquei feliz porque o fizeram: quando cheguei lá, ele ainda não havia partido.

Brent mantinha os punhos cerrados com força, como se ainda tivesse o volante nas mãos. Coloquei um dedo em sua mão fechada. Só conseguia pensar em nossa conversa na noite anterior, quando lhe disse que nunca parasse de lutar. Sabia que ele estava lutando naquele momento, tentando salvar sua vida. Embora os médicos me afirmassem que Brent não podia ouvir o que eu estava dizendo, me debrucei perto de seu ouvido e, suavemente, falei para ele quanto o amava e que sentiria saudades dele mais do que de tudo neste mundo se ele tivesse que partir. Mas que, se tivesse que ir, eu aceitaria sua decisão. Pedi que nunca se esquecesse de quanto eu o amava.

Agarrei-me àqueles instantes com todas as minhas forças. Apesar de os médicos garantirem que ele não podia me ouvir, Brent apertou meu dedo e uma lágrima escorreu do canto de seu olho. Ele morreu duas horas depois. Eu estava a seu lado.

LINDAS ESPIRAIS DE LUZ

Fizemos uma pausa para respirar. Beverly tentava conter as lágrimas. Confessou que, mesmo depois de seis anos, ainda era muito difícil falar sobre o acidente. Concordei com ela, eu mesma também contendo as lágrimas. Beverly respirou fundo e recomeçou a história do ponto em que tinha parado.

Fiquei em choque durante muito tempo. Passei duas semanas sem comer nada. Muitos meses se passaram até que eu conseguisse derramar algumas lágrimas. Scott também ficou inconsolável, mas recobrou as forças e tentou me consolar.

Houve momentos, entretanto, em que eu sabia que Brent estava comigo. Aqueles eram meus únicos instantes de paz. A primeira vez foi logo após o acidente. Fui à delegacia para preencher um relatório. Meu pai e eu estávamos respondendo algumas perguntas, até que tive que sair para tomar ar. Era um dia lindo, e eu estava sozinha.

De repente, vi uma luz por cima de mim, abrindo-se como se fosse um guarda-chuva. Virei o corpo e vi minúsculas luzes brilhando ao meu redor. Elas me envolveram. Havia uma energia imensa ali. Estiquei os braços para tocá-las, mas minha mão atravessou a espiral flutuante de luz. Fiquei ali, perplexa: sabia que era Brent. Podia senti-lo.

Isso aconteceu pelo menos meia dúzia de vezes nos dois anos seguintes. Brent aparecia ao acaso, em espirais de uma luz maravilhosa que me envolviam não importa onde eu estivesse ou o que estivesse fazendo. Era uma sensação deliciosa. Podia sentir a presença do meu filho na luz e conversava com ele, dizendo: "Sei que você está aqui, Brent. Queria poder ver você. Sei que está bem e que não está sofrendo. Fico muito feliz em saber que você está aqui." Ele ficava por pouco tempo e logo ia embora. Depois desses encontros, sempre me sentia mais calma e em paz.

Quase dois anos após a morte de Brent, ele se comunicou comigo de uma outra maneira. Uma noite, eu estava sozinha preparando o jantar quando, de repente, um aroma familiar tomou conta da cozinha. Existem muitos tipos de perfume, mas aquele era claramente o favorito de Brent e o meu também. Depois que Brent morreu, não deixava ninguém usar aquele perfume. Por isso, quando senti aquele aroma na cozinha, sabia que meu filho estava comigo outra vez. O cheiro durou apenas alguns minutos e desapareceu.

O tempo passou, mas eu não estava melhorando. Senti que aquela dor ficaria comigo para sempre. Meu sofrimento se tornava ainda maior por causa do meu sentimento de culpa por ter feito a curta vida de Brent tão infeliz. Também me sentia traída por ter perdido meu filho justamente quando estávamos curando nossas feridas. Isso tudo me fazia sentir desesperançada, e eu só queria morrer. Mesmo assim, procurava razões para prosseguir.

No início, ter outro filho nem passava pela minha cabeça. Parecia fora de questão, embora estivesse casada novamente. Mas, à medida que o tempo foi passando, percebi que outro filho poderia significar um motivo para seguir em frente. Comecei a fazer terapia para analisar as motivações do meu desejo de ter um bebê. Sabia que não poderia substituir Brent e que não poderia me redimir de todo o mal que fizera a ele simplesmente tendo outro filho. Mas sabia também que não tinha desistido de amar.

Engravidei em 1994, aos 39 anos. Foi uma gravidez ótima e péssima ao mesmo tempo. Sentia enjoos e vomitava o tempo todo, exatamente como na gravidez de Brent. O estranho era que a gravidez de Scott fora calma e tranquila. Mas as outras duas foram terríveis.

Uma noite, quando estava no sétimo mês de gravidez, sonhei com Brent. Ele apareceu num lugar aberto, claro e muito amplo. Estava caminhando em minha direção, trazendo um menino. Quando eles se aproximaram, mantive os olhos fixos em Brent. Vi o menino, mas não sabia o que ele estava fazendo ali. Não trocamos nenhuma palavra, mas Brent sorriu e eu também. Chegou bem perto, mas não me tocou. Depois, apontando para o menino, disse: "Mamãe, isto é para você." E só. Ele se foi. Acordei imediatamente.

É claro que já tive milhares de sonhos. Mas dessa vez foi diferente. Foi muito claro e real. Sentia que estava ali com meu filho. Passei um bom tempo impressionada pela força daquele sonho. Depois dele, Brent parou de fazer contato. Não havia mais espirais de luz, não havia cheiros e nem sonhos.

JESSE

Beverly continuou seu relato, contando que, dois meses depois, em junho de 1995, Jesse nasceu.

Quando o médico o colocou em meus braços, percebi um enorme sinal em forma de morango cobrindo quase toda a sua testa. Lembro-me de ter achado esse fato muito interessante, já que ele nascera de cesariana, sem sofrer na cabeça os traumas comuns do parto normal. E não dei mais importância ao fato na ocasião.

Quando veio para casa, Jesse gritava e chorava o tempo todo. Os médicos me disseram que ele tinha cólicas, mas eu percebi que ele não conseguia ficar com a cabeça baixa. Isso o fazia chorar mais. Então, nós o mantínhamos ereto até que adormecesse. Bruce e eu andávamos de um lado para outro com ele no colo. Era muito difícil e cansativo para ambos. Levei Jesse a vários especialistas para descobrir o que havia de errado com sua cabeça. Diagnosticaram uma otite aguda como causa da dor.

Mas eu me pus a pensar. Era estranho que Jesse tivesse nascido com o sinal na testa e com tanta dor na cabeça. Lembrei-me do acidente de Brent e do impacto que sofrera na testa. Além disso, Brent também tinha chorado e gritado durante meses depois de nascer, exatamente como Jesse. Seria mera coincidência? E aquele sonho no qual Brent me trazia um menino? Estaria tentando me dizer algo de maneira simbólica sobre a criança?

E Jesse era igual a Brent naquela idade – rosto, cabelos, olhos e até o corpo eram idênticos –, apesar de serem filhos de pais diferentes. Sempre que meu filho do meio, Scott, sorria ou me deixava aborrecida, eu enxergava nele o pai. Mas Brent e Jesse só se parecem um com o outro – nem comigo, nem com os pais.

Comecei a me perguntar se a conexão entre meus filhos poderia ser explicada pela reencarnação, embora não tivesse muita certeza do que isso significava. Tive o cuidado de não tirar conclusões precipitadas, porque sabia quanto era fácil imaginar algo assim, já que eu desejava ter meu filho de volta, se fosse possível.

Só que, à medida que o tempo foi passando e a personalidade de Jesse foi aflorando, mais acontecimentos me levaram a pensar na reencarnação. Quando ele começou a falar, logo após seu primeiro aniversário, apontou para uma fotografia de Brent que ficava em meu quarto e gritou: "Eu, eu!" Expliquei que aquele era o retrato de seu irmão, com quem ele se parecia muito. Mas Jesse insistiu: "Eu!"

Quando meu filho tinha 1 ano e meio, aconteceu algo durante uma visita à casa de minha mãe. Ela sempre foi uma fumante inveterada. Brent detestava ver mamãe fumando. Toda vez que ela riscava um fósforo, ele corria para apagá-lo. Nesse dia, estávamos sentados no chão jogando uma bola de um lado para o outro, quando mamãe começou a acender um cigarro com o isqueiro. Imediatamente, Jesse se levantou, correu em direção à avó e soprou o isqueiro, apagando o fogo. Ficamos paralisadas. Brent era a única pessoa que costumava fazer isso. Não dissemos nada na frente de Jesse, mas em nossos corações sabíamos que era Brent. Jesse repetiu a brincadeira inúmeras vezes.

PROCURANDO ALGO

Logo depois desse acontecimento, um outro fato me fez aceitar de vez a ideia de que Brent estava de volta. Moramos numa área antiga da cidade, com edifícios velhos e algumas casas. Jesse gostava de brincar no balanço de um vizinho que morava do outro lado da rua. Um dia, quando ele tinha cerca de um 1 e meio, eu o estava empurrando no balanço. Ele pulou para fora da cadeira e caminhou até o quintal da casa do vizinho. Eu o segui. Continuou a andar como se soubesse para onde ir e estivesse procurando alguma coisa. Atravessou o quintal, uma ruela e entrou no jardim da casa em frente. Então, parou e ficou observando. Estava olhando para o apartamento onde Brent crescera. Eu nunca o havia levado até ali, e, para uma criança tão pequena, aquela era uma longa distância. Naquele instante, tive certeza de que Brent havia retornado.

Mas resolvi testá-lo e perguntei: "O que você está fazendo aí, olhando para esse prédio?" Ele se virou, sorriu e me levou por um caminho que ia dar na casa de um outro vizinho, indo direto para o balanço que havia ali. Jesse conhecia o caminho e sabia exatamente onde encontrar o brinquedo. Aquele era o lugar onde Brent costumava brincar quando pequeno. Naquele momento, nós dois entendemos que sabíamos a verdade.

Aquele foi um momento maravilhoso, do qual jamais me esquecerei. Foi quando tive certeza de que poderia aceitar o fato de Brent estar de volta. Eu sabia que ele havia retornado para recomeçar e aproveitar melhor a vida dessa vez. Aos poucos, compreendi que ter conhecimento disso ajudava a aplacar minha dor e amenizar a culpa que eu carregava havia tanto tempo. Tão logo me convenci de que era verdade, outras partes da personalidade de Jesse e alguns de seus comportamentos começaram a formar um quadro completo e que fazia total sentido.

Brent sempre fora atlético. Jogava futebol, beisebol, basquete – qualquer coisa que envolvesse uma bola. Mas ele tinha um problema no joelho que o impedia de se dedicar seriamente aos esportes. Agora, Jesse está se mostrando excelente nos esportes. Desde bebê, sempre foi fascinado por bolas. E aprendeu a andar jogando futebol. Quando ficou mais velho, treinava chutar a bola cada vez mais longe. Hoje, aos 3 anos, é tão bom quanto um menino de 7 ou 8 anos.

Há uma outra singularidade sobre Jesse. Desde que aprendeu a apontar para o que queria, apontava para chapéus. Agora, aos 3 anos, deve ter, no mínimo, uns 30 deles, de todas as cores e formatos. Ele os usa o tempo todo. Nunca vi outra criança de 2 anos insistir tanto em usar chapéu. A não ser Brent. Ele *sempre* estava de chapéu. Não apenas bonés de beisebol, que muitos meninos usam, mas qualquer um.

Hoje, aos 4 anos, algumas memórias da vida de Brent parecem invadir a mente de Jesse. Por exemplo, há pouco tempo foi divulgada no rádio uma história sobre um menino de 3 anos que pôs fogo na própria casa e ficou muito ferido. Isso me deixou com medo. Então, quando estava dobrando a roupa lavada, sentei Jesse em cima da máquina de secar e contei a ele o que o menino fizera e como era importante não brincar com fogo.

Jesse balançou a cabeça e disse: "Eu sei, mamãe, é como aquela vez em que o nosso banheiro pegou fogo e tive que salvar meu irmão." Parei imediatamente de dobrar as roupas e perguntei, ofegante: "O que você disse?" Jesse respondeu: "Quando eu morava na minha *outra* casa." Fiquei petrificada, mas tentei manter a calma e indaguei: "Onde você morava?" Ele respondeu: "Lá perto da casa da vovó."

Quando Brent e Scott eram pequenos, moramos durante algum tempo num apartamento próximo à casa de minha mãe. Um dia, a eletricidade acabou quando os meninos estavam na banheira. Naquela época, Brent tinha 8 anos e Scott, 3. Busquei umas velas, acendi-as e mandei que ficassem na banheira até que eu pegasse os seus pijamas. Mal saí do banheiro, Scott levantou-se e derrubou a vela dentro da cesta de lixo. O fogo se espalhou pelo banheiro. Brent agarrou o irmão e o empurrou para fora. Tudo isso aconteceu em poucos segundos. Brent salvou o irmão. Por isso, aceitei o que Jesse estava dizendo e comentei: "Foi uma noite muito assustadora para nós, não foi?" Ele concordou e parou de falar. Só isso. A lembrança veio e foi embora.

Jesse parece muito ansioso para recomeçar de onde parou. Está sempre com pressa de crescer. Mal pode esperar a hora de acordar de manhã para fazer tudo o que os meninos maiores fazem. Quando eu lhe digo que ele tem muito tempo, ocasionalmente isso consegue desacelerá-lo e fazer com que se divirta com brinquedos próprios para meninos de sua idade.

CONSERTO DE ALMAS

Depois de reviver toda a sua história, Beverly parou, pediu licença por alguns minutos e se levantou. Aquela pausa quebrou um pouco o encanto e me deu a chance de refletir sobre o que estava acontecendo. No início, temia que Beverly estivesse envergonhada demais para revelar seus verdadeiros sentimentos. Porém, ficou claro que ela estava mergulhando fundo em sua história, tentando explicar como se sentiu em cada momento que enfrentou. Sua voz se iluminava quando ela falava de Jesse e de todas as semelhanças entre ele e Brent. Pude sentir que ela estava em processo de cura.

Beverly terminara de contar sua história, mas senti que havia mais a ser dito. Eu queria saber o que tudo aquilo significava para ela. Suas preces haviam sido atendidas? Sentia-se absolvida dos erros do passado por saber que seu filho estava de volta?

Quando Beverly voltou para a mesa, perguntei: "O que significa para você o fato de Brent estar de volta?" Ela ficou pensativa por alguns instantes. Depois, começou a falar. Percebi que já havia refletido outras vezes sobre essa questão.

> Acredito que Deus tem um plano duplo para mim. A primeira parte é para que eu supere a minha culpa pelo que aconteceu. Durante 20 anos, acreditei que não havia amado Brent e que por isso eu o tratava daquela maneira. Agora, percebo que era apenas jovem demais para ter um bebê, e ele sofreu por causa disso.
>
> A segunda parte do plano é dar a Brent a chance de viver outra vez. Ele era tão jovem e deixou este mundo de maneira tão violenta! Queria fazer muitas coisas, mas o acidente interrompeu seus planos. Apesar de ser tão terrível, acho que era o plano de Deus. Ele me devolveu Brent para que ele pudesse ter uma vida melhor e eu pudesse compartilhar dela. Meu filho poderá desfrutar de toda a felicidade que deveria ter tido na primeira vez. Eu sei que isso é verdade.
>
> Se eu tivesse sido rejeitada por Jesse ou se ele tivesse sido uma criança difícil para se vingar do que fiz no passado, eu não o culparia. Mas acho que meus pedidos de desculpas foram ouvidos e ele me perdoou. Disse repetidamente a Brent o quanto estava arrependida. Durante os últimos meses de sua vida, eu chorava quase todos os dias e dizia: "Desculpe-me por todas as maldades que fiz com você. Queria poder reparar meus erros porque te amo muito. Sempre quis ser uma boa mãe, mas não sabia como."
>
> Ainda temos muito para consertar e curar. As coisas não ficaram bem automaticamente só porque ele voltou como Jesse. Ainda tenho dificuldades em me soltar de Brent, mesmo sabendo que ele voltou. Os

sentimentos de culpa e de dor não desaparecem de repente. Ainda preciso trabalhar essa culpa, ser uma mãe melhor desta vez.

De vez em quando, alguns de meus antigos padrões de comportamento reaparecem e vejo que precisam ser mudados. Há pouco tempo aconteceu um fato que me pegou de surpresa. Jesse tem brincado com outras crianças e está adquirindo alguns maus hábitos com elas. Às vezes, me mostra a língua e faz um barulho com a boca. Não gosto disso e venho tentando corrigi-lo com muita paciência. Mas, uma noite, quando ele botou a língua para fora outra vez, dei um tapinha bem de leve em seu rosto e disse: "Não faça isso. É falta de respeito."

Foi a primeira vez que bati nele. Jesse começou a chorar sem parar. Eu o deixei chorar por alguns instantes e depois o coloquei no colo, dizendo: "Tudo bem. Por que você está tão aborrecido?" Ele parou de chorar e me olhou de frente. "Não bata em mim, mamãe. Nunca mais bata em mim *como você batia antes*!" Isso me tocou tão fundo que me senti mal.

Como você pode ver, a cura é um processo contínuo. Não fica tudo bem de uma hora para outra só porque Brent voltou. Ainda tenho de melhorar muitas coisas. Mas desta vez é diferente. Jesse é um espírito muito mais feliz, com bastante consciência para me corrigir quando é preciso. Eu sou uma mãe diferente do que era há 25 anos. Sou muito mais atenciosa, cuidadosa, e estou admitindo meus erros e disposta a mudar. Agradeço a Deus todos os dias por ter uma segunda chance de mostrar a Jesse o tipo de mãe que posso ser.

A história de Beverly me causou enorme emoção. Admirei sua coragem de enfrentar as atitudes do passado e de aceitar a verdade de que o filho estava de volta em sua vida. Esse retorno trouxe muita alegria, mas também significa que ela precisa enfrentar, de maneira mais profunda, os erros que cometeu no passado. Compreendo o quanto tudo isso é uma dádiva, uma incrível bênção para sua alma – ter uma segunda chance. Se ela puder vencer seus velhos demônios amando o filho agora, poderá se libertar de um fardo que a atormentaria por toda a vida e, provavelmente, além dela. Beverly não vai ter que esperar por um encontro incerto com o filho no pós-vida para se desculpar e corrigir seus erros. Ela pode fazê-lo agora. Para mim, isso resume o milagre da reencarnação.

CAPÍTULO 10

ENTRELAÇAMENTO DE VIDAS

Tivemos até agora uma visão minuciosa do fenômeno do retorno familiar. Enfocamos as crianças e suas memórias, as reações dos pais e de outros membros da família. E vimos como as vidas e as crenças das famílias se modificaram por meio dessa experiência.

Porém, há muito mais a ser alcançado com essas histórias. Se analisarmos todas as implicações de um ponto de vista mais amplo, veremos que o retorno familiar traz lições espirituais muito mais abrangentes para todos nós – não importa se experimentamos ou não esse fenômeno em nossas próprias famílias.

Uma das lições é que o amor tem o poder de transcender a morte. Vemos isso nos casos em que a alma escolhe, por amor, renascer na mesma família que acabou de deixar. Em muitos outros casos, percebemos que os laços de amor não são rompidos com a morte, mas continuam num novo relacionamento, em outra vida.

As pessoas que testemunharam a reencarnação em suas famílias contam que isso mudou o seu modo de enxergar a morte. Confessaram que não têm mais medo da ideia de fim que ela antes representava. Sabem – porque viram com os próprios olhos – que a morte não é o ponto final da existência, mas apenas o fim de uma fase do contínuo ciclo da vida.

Por exemplo, quando Kathy Luke perdeu seu filho ainda pequeno, ela esperava que fosse o fim de tudo. Mas, 17 anos depois, quando se deu conta de que seu espírito voltara para ela como um novo filho, sua visão do mundo se modificou e ela perdeu o medo da morte. Foi assim que descreveu essa mudança: "Agora acredito que a vida se move em círculos e os relacionamentos sólidos ficam dentro deles. Quando minha hora chegar, estarei de volta junto às pessoas que amo. É reconfortante saber disso. Antes, nunca me sentia à vontadc diante da ideia da morte. Agora, ela não me aflige mais."

Podemos encontrar consolo em tudo o que Kathy e os outros descobriram, quando for a nossa vez de chorar. Ver a vida como parte de um ciclo contínuo tira a ideia de desespero diante da morte. Compreender que a alma não morre pode ser um bálsamo para o nosso sofrimento.

A reencarnação na mesma família muda o sentimento em relação à nossa própria morte. Saber que ela não é o fim definitivo – que teremos muitas outras chances na Terra para crescer, alcançar nossos objetivos e estar com as pessoas a quem amamos – nos ajuda a enfrentar o fato de que algum dia também morreremos. E, quando perdemos o medo da morte, ganhamos uma nova perspectiva sobre como viver.

CRUZAMENTO DE OBJETIVOS

Todos os casos de reencarnação na mesma família são um mero entrelaçamento de um espírito que entra e sai da vida da família que deixou para trás. E, se pode acontecer uma vez, pode acontecer muitas outras, criando um padrão de espíritos familiares se entrelaçando uns aos outros, se cruzando em diferentes pontos do tempo. A solidez do relacionamento aumenta à medida que viajam por gerações futuras e ultrapassam o núcleo familiar imediato.

Em cada nova encarnação, o espírito pode cruzar com antigos amigos, amantes e até inimigos que o marcaram em momentos significativos numa vida passada. Ele se ramifica para cruzar com outros que nunca havia encontrado em sua jornada pelo tempo. Amplie essa imagem e você verá uma estrutura infinitamente rica de relacionamentos entrelaçados, começando há incontáveis existências no passado e se estendendo por incontáveis existências no futuro.

Se cada espírito tem o objetivo fundamental de se elevar, em cada cruzamento nos juntamos a outros espíritos e temos a oportunidade mútua de crescer, evoluir e nos tornar seres humanos mais amorosos, compassivos e capazes de perdoar.

Em alguns desses cruzamentos, encontramos as chamadas *almas gêmeas* – aquelas com as quais compartilhamos laços profundamente positivos no passado. Geralmente pensamos numa alma gêmea como um namorado ou um cônjuge, mas pode ser qualquer pessoa: uma criança que ilumina nossa vida, um professor que nos indica o caminho, um amigo querido que nos compreende de forma irrestrita. São espíritos que nos afetam de maneira tão profunda que assumem um lugar de destaque em nossos corações por toda a vida.

Podemos também encontrar relacionamentos difíceis, desafiadores e até perigosos nesses cruzamentos. Um marido agressivo, um chefe que nos persegue ou um adversário que nos engana podem ser professores involuntários de lições dolorosas porém necessárias. Relacionamentos difíceis como esses nos forçam a mudar de direção, defender a nós mesmos ou encontrar forças e recursos interiores que desconhecíamos. Embora no momento possa ser difícil acreditar, numa perspectiva cósmica também existem propósitos e amor nesses encontros.

Esse entrelaçamento intencional de espíritos ao longo do tempo é mais do que uma bela e abstrata imagem. É algo que podemos sentir quando acontece. Percebemos em nossos corações quando encontramos uma alma gêmea pela primeira vez. Sentimos quando olhamos nos olhos de um recém-nascido e somos surpreendidos por uma alma conhecida que retribui o nosso olhar. São momentos luminosos de reconhecimento!

Uma vez que compreendemos que qualquer relacionamento significativo em nossas vidas pode ser um fio contínuo que se iniciou no passado, aprendemos a ficar alertas para os sinais e para seu significado mais profundo. Podemos tentar descobrir as razões que fizeram determinada pessoa entrar em nossas vidas. Podemos tirar o máximo dessa ligação, vendo-a como uma oportunidade de aprender o que quer que seja necessário dessa vez. Mesmo que não possamos descobrir as razões, o simples fato de saber que qualquer relacionamento pode ser uma interseção de objetivos espirituais abre nossos olhos para o potencial significado dos menores encontros que cruzam nosso caminho.

Outra lição de esperança que as histórias de retorno familiar nos trazem é que temos a oportunidade de reparar nossos erros. Sarah Holden (do capítulo "Troca de papéis") conta o que aprendeu: "Graças a minhas experiências com Miles, percebi que, se deixamos de concluir alguma coisa quando morremos ou se erramos com alguém, temos uma outra chance de reparar o que fizemos. Miles me ensinou que nunca é tarde para consertar um erro."

É muito significativo que a mãe de Sarah, em sua encarnação como Miles, não tenha que sofrer as mesmas agressões que infligiu à própria família antes de morrer. Foi por meio do amor, não do castigo, que ela teve a oportunidade de crescer e superar a pessoa que era antes.

Acredito que um dos motivos que levam os ocidentais a resistir à ideia da reencarnação é que não entendem o conceito de carma. Alguns fazem objeção ao carma por motivos de natureza intelectual, afirmando que é simplista e fatalista. Outros têm medo. Ouviram falar em carma associado ao princípio "você colhe o que planta" e temem ser obrigados a enfrentar suas ações se retornarem para uma nova vida, tendo que sofrer por cada um dos males que causaram. Rejeitam um sistema que não abre espaço para o livre-arbítrio, a piedade e as mudanças.

Casos como o de Sarah, entretanto, demonstram que o carma não é tão rígido e impiedoso. Há muito mais criatividade, clemência e flexibilidade do que imaginamos no processo que nos guia até a próxima vida. Uma história sobre uma criança de 2 anos que teve uma visão de sua vida passada mudou o meu entendimento sobre carma. Ela me mostrou como a alma tem várias opções para corrigir e compensar atos do passado, soluções que ultrapassam a simples relação de causa e efeito. Essa história abriu meus olhos para o quanto a justiça divina pode ser misericordiosa e como ela está ao alcance de qualquer um de nós, até mesmo de um assassino.

Este relato de Sandra Poole foi tirado de uma entrevista por telefone. Ela explica o que ocorreu uma noite a seu filho, Alex.

Alex havia acabado de completar 2 anos. Eu o estava colocando para dormir e ele já começava a pegar no sono. De repente, se sentou, fixou os olhos em alguma coisa na parede e começou a gritar e a chorar. Essa crise súbita me pegou de surpresa, porque não vi nada que pudesse tê-la causado. Minha mãe veio correndo do outro quarto quando ouviu os gritos de Alex.

Perguntamos o que estava acontecendo. Ele soluçou, dizendo: "O homem, o homem. Ele tem um revólver, mamãe, e vai me dar um tiro." Tentei abraçá-lo e explicar que não havia homem algum no quarto e que ele estava em segurança, mas não pude fazer com que me ouvisse. Alex estava tão apavorado que tentou se arrastar para perto da cabeceira da cama. Continuou a gritar e a chorar, sem tirar os olhos da parede, enxergando algo que só ele via.

Mamãe e eu insistíamos em perguntar o que estava acontecendo. Meu filho gritou: "Ele atirou em mim." Esperando entender o que se passava, fingi que também estava enxergando alguma coisa. "Ele atirou em você? Você morreu?", perguntei. "Ainda não. Por isso é que ele está pegando a faca. Oh, ele está cortando a minha garganta." Ele gritava e lutava, segurando a garganta.

Minha mãe e eu ficamos totalmente perplexas. Abraçamos Alex, mas ele não parecia notar nossa presença. Fiquei muito preocupada. Ali estava meu doce filhinho completamente absorvido por aquela cena horrorosa. Fiquei desesperada tentando entender de onde vinha tudo aquilo. Pensei rapidamente em todos os filmes que ele já vira para saber se havia sido exposto a cenas tão ameaçadoras. Mas não me lembrei de nada.

Enquanto Alex continuava a soluçar, perguntei como era o lugar onde ele estava. "Tem paredes de madeira." Continuei perguntando, tentando situar tudo aquilo no tempo: "Você anda de carro, de avião ou a cavalo?" Ele respondeu que tinha um cavalo. Comecei a pensar que ele podia estar se lembrando de algo do passado – talvez de uma outra vida. Ao mesmo tempo, tentava tirá-lo daquela crise. Mamãe e eu o sacudíamos, dizendo: "Alex, olhe para mim. Não existe homem algum. Você está aqui conosco, em segurança." Mas ele não respondia. Continuava a chorar e a olhar para o mesmo ponto na parede.

Então, cerca de 20 minutos depois, seu estado mudou de repente. Foi como se alguém tivesse acendido um fósforo. Relaxou, se acomodou na cama e, para minha surpresa, deu o mais lindo sorriso. Seus olhos não estavam mais fixos na parede, mas ele permanecia em uma espécie de transe.

Calmamente, com um tom de voz firme que me causou imensa surpresa, ele disse: "Vai ficar tudo bem. Ele vai ser meu filho e vou ensiná-lo a não machucar as pessoas e a não atirar em ninguém. Vou ensiná-lo a amar em vez de machucar."

Depois disso, Alex parecia muito feliz e totalmente relaxado. Com um grande sorriso iluminando o rosto, começou a fechar os olhos. Nós o cobrimos e ele adormeceu. Mamãe e eu voltamos para a sala com lágrimas nos olhos. Sentamos e nos abraçamos, repetindo: "Meu Deus! Foi tão lindo e tão impressionante!" Esse fato me tocou mais do que qualquer outra experiência que tive na vida.

Sempre fui uma pessoa aberta ao conceito de reencarnação. Mas, até então, o meu entendimento sobre carma era na base do "colhemos aquilo que plantamos". Assim, eu teria pensado que, se meu filho e aquele homem tinham uma dívida cármica para resolver, eles se encontrariam em algum campo de batalha e Alex poderia se vingar dele, pagando na mesma moeda. Mas a solução de tê-lo de volta como filho de Alex demonstra uma sabedoria muito maior. É muito superior a uma simples represália.

Imagino como o fato de meu filho ser pai de seu próprio assassino poderia ajudá-lo a evoluir espiritualmente, forçando-o a oferecer a mais profunda compreensão ao espírito que lhe tirou algo tão importante. Ao mesmo tempo, a alma do assassino mostraria humildade ao aceitar tal dádiva. Meu filho de 2 anos me ensinou a respeito de redenção, esperança e o verdadeiro significado da comunhão de sentimentos.

Na manhã seguinte, Alex não tinha a menor lembrança do homem, do revólver ou da faca. Não demonstrava estar sofrendo nenhuma consequência de tudo aquilo. Na verdade, estava ótimo: aquela noite marcou o fim de sua asma. Desde os 5 meses, ele tomava remédios para esse problema, e me lembro claramente de que a última vez que precisou dc tratamento foi na noite anterior àquela visão de sua vida passada. Depois de dois meses, percebi que ele estava curado, e os remédios ficaram abandonados na prateleira.

A história de Alex abriu meu coração para padrões mais elevados e mais solidários de perdão. Ela demonstra que as leis universais que regem a reencarnação são mais imprevisíveis e benevolentes do que eu havia imaginado. A reencarnação não prende a alma num ciclo rígido de causa e efeito, mas fornece a chave para a reabilitação por meio de uma mudança nas circunstâncias. Um ladrão em uma vida pode ser um filantropo na seguinte.

Mesmo que cometamos erros terríveis e machuquemos os outros, não estamos eternamente condenados a arder nas chamas de um inferno dantesco e nem temos que sofrer por nossas iniquidades em um rígido sistema de represálias baseado no olho por olho. Em vez disso, parece que a justiça e o equilíbrio podem ser alcançados de maneira criativa, com uma flexibilidade infinita. A beleza da reencarnação é que recebemos tantas oportunidades quantas forem necessárias para aprender a crescer e superar as falhas humanas.

EM BUSCA DA LUZ

Tenho uma última história para contar. Ela nos fala sobre como as crenças anteriores das pessoas podem afetar sua capacidade de enxergar um caso de reencarnação em sua família. Para mim, o surpreendente é a grande diferença que uma pequena mudança de atitude pode trazer. Estar aberto, ainda que só um pouco, pode significar toda a diferença entre descobrir um caso de reencarnação ou ignorá-lo totalmente.

Em capítulos anteriores, descrevi o processo de aceitação que os pais atravessam à medida que as memórias de vidas passadas de seus filhos abrem seus olhos para a reencarnação. O que ainda não havia relatado neste livro são todas as vezes em que os pais se recusam a admitir a possibilidade da reencarnação, mesmo quando acontece com seus próprios filhos. Sua imutável crença de que "só se vive uma vez" impede que eles enxerguem as evidências que estão bem diante de seus olhos. Essa atitude pode ser consequência da dedicação a um credo religioso ou da crença de que o que não é comprovado pela ciência não pode ser real. Assim, quando seus filhos começam a falar sobre "a outra vez em que eu era grande", eles se zangam e os silenciam.

Sei que esses casos existem porque ouço falar deles por parentes ou amigos frustrados, que enxergam sinais claros de reencarnação num sobrinho ou neto. Essas pessoas estão convencidas do fato, mas os pais da criança proíbem qualquer discussão sobre vidas passadas e acusam os parentes de encorajar essa *bobagem* na mente de seus filhos. Os parentes se calam para preservar a paz da família, mas me enviam e-mails pedindo conselhos. Eu confirmo que o que estão vendo é possível, mas sem o consentimento dos pais não posso me envolver além desse ponto.

Sei também que isso acontece porque ouço adultos que se lembram de ter tido memórias de outras vidas na infância. Muitos se recordam exatamente do momento em que foram calados ou ridicularizados e resolveram guardar as memórias para si mesmos. Isso mostra a facilidade com que as crianças aprendem a silenciar sobre tudo aquilo em que os pais não acreditam. Apesar de terem sido desencorajados, esses adultos nunca se esquecem das memórias vívidas de outras vidas. Eles me procuram para me agradecer por, finalmente, confirmar que o que sentiam era verdade.

As crianças saem perdendo quando não têm permissão para expressar suas memórias de vidas passadas. O mesmo acontece aos pais. Eles perdem não apenas a alegria de receber de volta um parente querido, mas também a oportunidade de experimentar diretamente a reencarnação e ganhar uma nova perspectiva sobre a vida da alma.

Agora, a última história. Ela foi relatada num e-mail enviado por Claire. Pelo fato de permanecer aberta (com uma pequena ajuda da mãe) ao que o filho lhe dizia, ela testemunhou um milagre – segredo este que dividiu apenas comigo.

> Um dia, eu e Derek, meu filho de 2 anos, estávamos na casa de minha mãe e resolvemos assar juntos alguns biscoitos de manteiga de amendoim. De repente, enquanto ajudava a colocar a massa num tabuleiro untado, Derek nos disse: “Minha *outra* mãe também fazia esse tipo de biscoito.”
>
> Com certa hesitação, perguntei: “Sua *outra* mãe? O que...” Antes que eu pudesse continuar, minha mãe me cutucou e disse: “Psiu!” Ela não queria que eu interrompesse o fluxo dos pensamentos de Derek.

Ele prosseguiu: "Minha outra mãe, *Dorsey*." Esperei que ele contasse outras coisas, mas ele começou a falar sobre quantos biscoitos iria comer.

Fiquei um tanto chocada com aquelas palavras. Mas minha mãe, que havia lido muito sobre reencarnação antes de Derek nascer, me disse que, provavelmente, ele estava se lembrando de uma vida anterior e que devíamos deixá-lo falar sem reprimi-lo.

Por todo o ano seguinte, Derek falou sobre sua outra mãe, "Dorsey" (achamos que ele queria dizer "Dorothy", mas não sabia falar direito). Ele acrescentou outros detalhes e mencionou um irmão, Matt, e uma irmã de cujo nome não se lembrou. Muitas vezes, comparava o que eu fazia com o que Dorsey costumava fazer. Por exemplo, uma vez, quando ele estava doente e eu coloquei um pano úmido sobre sua testa, me disse num tom de aprovação: "Dorsey também fazia isso quando eu estava doente."

Derek se fixou numa lembrança em especial de sua outra mãe. Relatou que, sempre que ele saía à noite, a mãe deixava a luz do lado de fora da casa acesa para quando o filho voltasse. Derek descreveu o ponto de luz, que ficava dependurado na parede da garagem. E disse que a mãe acendia a luz e ficava acenando para ele de uma pequena janela redonda na varanda lateral. Repetiu isso inúmeras vezes.

Durante todo esse tempo, minha mãe confessou que tinha uma sensação a respeito de Derek. Ela sempre dizia: "Eu o *conheço*." Eu geralmente ria e comentava: "É claro que você o conhece. É seu neto!" Mas ela dizia: "Não, é algo mais, algo diferente. Eu o conheço de algum lugar..." Mas não conseguia se lembrar. Como acreditava em reencarnação, mamãe concluiu que eles se conheceram numa outra vida, muito tempo atrás.

Logo depois que Derek fez 3 anos, estávamos passando de carro por uma parte da cidade que raramente visitávamos. De repente, eu o ouvi gritar: "Está ali! Aquela é a minha casa! É ali que a minha mãe está!"

Parei o carro. Derek apontava freneticamente para uma casa na esquina, com uma garagem ao lado. Estava muito agitado e não parava de repetir: "Minha casa! Olha lá a minha casa!"

Olhei e vi a lâmpada pendurada na parede da garagem e a janela redonda na varanda lateral, exatamente como ele descrevera. Pensei em todas as vezes que ele falara sobre a mãe acenando daquela janela para dizer adeus e mantendo a luz acesa para quando ele voltasse. Mas, agora, a luz estava apagada.

Quando Derek viu que a luz não estava acesa, ficou muito perturbado. Gritou: "Por que a luz não está acesa para mim?" Apontou para a janela. "Foi ali que minha outra mãe me disse até logo *na última vez que saí de casa.*"

Eu não sabia o que dizer. Conseguia imaginar Derek se lembrando de uma vida passada, mas nunca pensei que encontraríamos a casa onde ele vivera antes. E em nossa própria cidade. Talvez fossem parecidas. Achei difícil acreditar que seria a mesma casa. Pensei em bater à porta. Mas o que iria dizer? Parecia loucura. Então, liguei o motor do carro. Quando estava me afastando da casa, olhei para Derek pelo espelho retrovisor. Ele estava encurvado na cadeira, parecendo triste e perdido, como se alguém tivesse acabado de morrer. Começou a chorar baixinho e não falou comigo até chegarmos em casa.

Alguns dias depois, mencionei o incidente para minha mãe, contando a ela como a casa, a luz, a varanda, a janela, tudo estava de acordo com o que Derek tinha dito. Descrevi a forte reação dele ao ver aquela casa e seu comentário sobre "a última vez que saí de casa", além de seu total desapontamento com o fato de a luz estar apagada.

Enquanto eu falava, minha mãe permanecia num silêncio incomum. Quando terminei, me perguntou qual era exatamente a localização da casa. Assim que lhe disse o nome das ruas que formavam aquela esquina, ela deixou sair de sua garganta o som mais alto e sobressaltado que jamais ouvi.

Quando recuperou o ar, exclamou: "Você sabe quem morava ali?" Eu não tinha a menor ideia. "Meu primo Ted morou naquela casa com sua mãe, Doris, um irmão, Matt, e uma irmã, Becky. Ted morreu num acidente de automóvel em 1971, uma semana depois de voltar do Vietnã, onde estava lutando."

Também fiquei chocada. Nunca tinha ouvido falar do tal primo Ted ou de sua morte. Mamãe me disse que ela e o primo eram muito próximos – tinham mais ou menos a mesma idade e foram à escola juntos. Ted tinha um grande amigo que estudou com ele até o ensino médio. Os dois rapazes foram juntos ao Vietnã. Quando voltou para casa após a guerra, esse amigo se casou e teve filhos. Um dos filhos desse amigo é hoje o meu marido! Assim, o melhor amigo de Ted é avô de Derek!

Muitos anos antes, tia Doris se mudara para longe de nossa pequena cidade e mamãe perdeu o contato com ela. Nas semanas que se seguiram à nossa conversa, eu e mamãe refletimos se deveríamos ou não tentar encontrar tia Doris para lhe contar sobre Derek e suas lembranças. Segundo minha mãe, tia Doris era uma pessoa religiosa, do tipo que ia à igreja com frequência e adorava citar passagens da Bíblia. Imaginamos que, com toda a certeza, ela não acreditava em reencarnação e pensaria que estávamos loucas se a procurássemos para falar sobre isso. Mas será que deveríamos contar assim mesmo? Depois de pensar em todas as possíveis consequências, decidimos que era melhor não correr o risco de perturbar uma senhora da idade dela.

Resolvemos não contar nem ao pai de meu marido, o melhor amigo de Ted. Sabíamos que ele não acreditava em reencarnação e diria que estávamos malucas. Ele e Derek têm um relacionamento muito próximo e afetuoso, e achamos melhor não fazer nada que pudesse tumultuá-lo. Um fato estranho era que desde os 2 ou 3 anos Derek fazia perguntas ao avô sobre guerras e lutas. Queria saber especificamente se havia outras maneiras de morrer além de levar um tiro. Além disso, ainda bem pequeno, Derek tinha verdadeiro horror a fogos de artifício. Quando penso nisso agora, imagino se as perguntas que ele fazia sobre guerras e seu medo de fogos teriam algo a ver com suas lembranças de combate.

Depois daquele dia em que Derek viu a casa, nunca mais mencionou a outra mãe, a casa ou a luz. Hoje, tem 10 anos e se lembra apenas daquilo que nós lhe contamos sobre suas memórias da luz na garagem e de "Dorsey". Suas próprias imagens da vida passada como Ted desapareceram completamente.

Após sete anos, ainda me aborrece saber que eu e minha mãe não podemos contar nosso segredo a outros membros da família. Eu quase peguei o telefone duas ou três vezes para falar com tia Doris, mas acabei mudando de ideia porque as chances de que isso lhe fizesse algum bem eram pequenas. Ainda acho que se o avô de Derek soubesse que o neto é a reencarnação de Ted, seu melhor amigo, isso poderia aprofundar ainda mais o relacionamento dos dois – para não mencionar a mudança de meu sogro em relação à ideia de morte. Mamãe e eu vemos tudo isso como parte de um plano maior para que eles estivessem juntos outra vez e voltassem a desfrutar daquela amizade tão especial. Mas, como ele não acredita em reencarnação, guardamos o segredo entre nós duas. Sempre penso no quanto seria maravilhoso se ele e tia Doris pudessem enxergar o milagre que eu e minha mãe descobrimos.

Não há como saber se Claire e sua mãe tomaram a decisão certa ao não procurar Doris e contar a ela sobre sua descoberta. Acredito que, provavelmente, agiram certo, considerando-se que sabiam de sua forte crença religiosa. Tudo indica que Doris teria se sentido ferida e ofendida por ver suas crenças desafiadas por aquela afirmação *impossível* de que seu filho morto estava de volta.

Posso imaginar o quanto ela ficaria perturbada se abrissem a ferida da morte do filho, mesmo 30 anos depois. Sim, Claire e a mãe provavelmente estavam certas em não correr o risco de perturbar Doris, depois de tudo o que ela sofreu. Mas e se as coisas fossem diferentes? E se Doris estivesse aberta à possibilidade da reencarnação? O que Doris sentiria se soubesse das afirmações precisas de Derek sobre sua "outra família", de sua afetuosa obsessão por "Dorsey" e do quanto sentia saudades das pequenas coisas que a mãe fazia para ele? Será que saber que ele ainda se lembrava de como ela deixava a luz acesa e esperava por sua chegada traria felicidade ao coração de Doris? Será que aquietaria sua alma saber que Derek – o seu Ted – ainda estava procurando por ela, ansioso por ver seu rosto na janela? O fato de saber que Ted havia voltado e que estava cercado de amigos e parentes poderia ajudar a cicatrizar a ferida em seu coração, como aconteceu a outras mães que sabiam que seus filhos haviam renascido?

É claro que não sei o que Doris está pensando ou sentindo neste momento ou como teria reagido. Mas sei que existe um número incontável de pessoas como Doris que sofrem por um filho, um marido, uma esposa, uma mãe ou um pai mortos que *estão* de volta num outro corpo. Alguns desses espíritos, em suas novas encarnações, estão bem perto dessas mesmas pessoas que choram por eles, cruzando suas vidas sem que elas percebam, talvez aprendendo a andar na sala em que a família celebra o Natal.

Sei que isso acontece, mas muitos não enxergam porque não sabem que é possível. Acredito que mais pessoas poderiam desfrutar do reencontro com um ente querido de quem sentem saudade se fossem capazes de pôr de lado suas crenças absolutas, suas convicções de que "isso simplesmente não acontece", abrindo-se à possibilidade de que talvez aconteça, sim. Uma pequena mudança de atitude pode fazer toda a diferença.

Depois que Ted morreu e reencarnou como Derek, sua alma estava em busca da luz na parede da garagem – aquele pequeno farol de boas-vindas que o conectava à mãe, ao seu lar e ao amor que deixara para trás. Ele esperava que a luz ainda estivesse acesa ali.

Que metáfora mais oportuna para descrever o que é estar aberto à possibilidade do retorno familiar. Deixe sua luz acesa, mesmo que você não saiba no que acreditar. Deixe sua luz acesa para receber, de braços abertos, um ente querido que retornou para você.